MY

Perfect Day

plan. take action. done. ✓

MARY HELGESEN GABEL

Introduction

This book grew out of frustration with my own lack of organization. I've heard many leaders explain how to set goals, define dreams, and track activities to gain momentum and achieve results. I've heeded their advice, but keeping track of what I was aiming for day-by-day was taking monumental effort, and I often lost the battle. Notes were scattered throughout my office, bedroom, living room, or kitchen. Tracking sheets were on my clipboard (where IS that darned thing, anyway?). I found a fabulous training system/planner and used it pretty regularly. It helped a lot—until the pages ran out and I didn't want to invest in the whole book again with all it's activities—I just wanted the calendar pages.

  As a graphic designer who has created print-on-demand books for clients, it finally dawned on me that I could make my own book for myself. I did some trial pages with the help of my good friend and business partner, Sandy Baggot, putting in all that had helped me grow my business. I tried them out for a few weeks and they REALLY helped me gain some traction! I offer them to you here and hope they will help you as they have me.

~ Mary Helgesen Gabel

How to use this book

Goals and Routine

This page is to get you started right. Think about where you are and where you want to be. If you're using this for business, you might put in numbers, like how much commission you're earning now and how much you'd like to be making in a year.

Break your goal down into manageable chunks. List those by month.

Then lay out what your perfect morning looks like to get your day started right. We recommend the book *The Miracle Morning* by Hal Elrod. He has partnered with experts in various industries to so look for the book targeted to your pursuit.

Calendar Pages

These pages are pretty self-explanatory. There are spaces to set your priorities for the week and for each day. Think big. Add priorities for work, family and play! At the bottom, you can check off that you accomplished certain tasks that will move your business forward. You can change the key however you want to check of the things you want to accomplish every day.

  Each Sunday night, go through the calendar for the next week and fill in all of your committed times. List your priorities for the week, any people or tasks you are carrying forward from the last week, new people you plan to contact, etc. Then plan out your Monday. Each evening, plan the next day (or plan first thing in the morning).

List Pages

At the back, there are places for three kinds of lists: master, active, and drip. No matter what industry you're in, you most likely have to talk to people. On the master list, put everyone you can think of. Transfer the names of people you're in active conversation with onto the active list. The drip list is for people who have said no for now. Come back to them whenever you see fit. If you prefer to use an electronic list, you can download an Excel version at www.gabelgraphics.com/perfectdayplanner

Those Little Corner Lines

The dashed lines in the upper corner are there to remind you to cut that corner off the used pages so that you can always easily open to your current week.

A Book in Progress—Send Your Suggestions

Please email comments, suggestions, additions, etc., you'd like to see to planner@yourlegacy.press.

Here's to your success!

Goals and Routine

Set My Goal—Where Am I Headed?

What's my current status: Date _____ Starting point _____
Where am I'm going: Date _____ Ending goal _____

Now break it into chunks: *Projected*   *Actual*

Month 1	Date _____	_____
Month 2	Date _____	_____
Month 3	Date _____	_____
Month 4	Date _____	_____
Month 5	Date _____	_____
Month 6	Date _____	_____
Month 7	Date _____	_____
Month 8	Date _____	_____
Month 9	Date _____	_____
Month 10	Date _____	_____
Month 11	Date _____	_____
Month 12	Date _____	_____

My Perfect Morning Routine

Silence
Affirmation
Visualization
Exercise
Reading
Scribe (Journal)

_____
_____
_____
_____
_____
_____
_____
_____
_____
_____
_____
_____
_____
_____
_____

WEEK FROM / TO /	MONDAY	TUESDAY	WEDNESDAY
THIS WEEK'S PRIORITIES	**TASKS**	**TASKS**	**TASKS**
1	1	1	1
2	2	2	2
3	3	3	3
4	4	4	4
5	5	5	5
6	6	6	6
7	7	7	7
8	8	8	8
NEW CONTACTS	5:00	5:00	5:00
	5:30	5:30	5:30
	6:00	6:00	6:00
	6:30	6:30	6:30
	7:00	7:00	7:00
	7:30	7:30	7:30
	8:00	8:00	8:00
	8:30	8:30	8:30
	9:00	9:00	9:00
	9:30	9:30	9:30
	10:00	10:00	10:00
FOLLOW UP	10:30	10:30	10:30
	11:00	11:00	11:00
	11:30	11:30	11:30
	12:00p	12:00p	12:00p
	12:30	12:30	12:30
	1:00	1:00	1:00
	1:30	1:30	1:30
NEWLY ENROLLED	2:00	2:00	2:00
	2:30	2:30	2:30
	3:00	3:00	3:00
	3:30	3:30	3:30
	4:00	4:00	4:00
HELP TO TEAM LEADER	4:30	4:30	4:30
	5:00	5:00	5:00
	5:30	5:30	5:30
	6:00	6:00	6:00
BOOKS	6:30	6:30	6:30
	7:00	7:00	7:00
	7:30	7:30	7:30
SKILLS I'M WORKING ON	8:00	8:00	8:00
	8:30	8:30	8:30
	9:00	9:00	9:00
	9:30	9:30	9:30
TIME FOCUS KEY	10:00	10:00	10:00
1 = Your Perfect Morning Routing	10:30	10:30	10:30

TIME FOCUS KEY	TIME FOCUS:	1	2	3	4	5	1	2	3	4	5	1	2	3	4	5
1 = Your Perfect Morning Routing																
2 = Prospecting																
3 = Presenting	✔ when completed:															
4 = Following up																
5 = Getting People Started																

THURSDAY	FRIDAY	SATURDAY	SUNDAY
TASKS	**TASKS**	**TASKS**	**TASKS**
1	1	1	1
2	2	2	2
3	3	3	3
4	4	4	4
5	5	5	5
6	6	6	6
7	7	7	7
8	8	8	8
5:00	5:00	5:00	5:00
5:30	5:30	5:30	5:30
6:00	6:00	6:00	6:00
6:30	6:30	6:30	6:30
7:00	7:00	7:00	7:00
7:30	7:30	7:30	7:30
8:00	8:00	8:00	8:00
8:30	8:30	8:30	8:30
9:00	9:00	9:00	9:00
9:30	9:30	9:30	9:30
10:00	10:00	10:00	10:00
10:30	10:30	10:30	10:30
11:00	11:00	11:00	11:00
11:30	11:30	11:30	11:30
12:00p	12:00p	12:00p	12:00p
12:30	12:30	12:30	12:30
1:00	1:00	1:00	1:00
1:30	1:30	1:30	1:30
2:00	2:00	2:00	2:00
2:30	2:30	2:30	2:30
3:00	3:00	3:00	3:00
3:30	3:30	3:30	3:30
4:00	4:00	4:00	4:00
4:30	4:30	4:30	4:30
5:00	5:00	5:00	5:00
5:30	5:30	5:30	5:30
6:00	6:00	6:00	6:00
6:30	6:30	6:30	6:30
7:00	7:00	7:00	7:00
7:30	7:30	7:30	7:30
8:00	8:00	8:00	8:00
8:30	8:30	8:30	8:30
9:00	9:00	9:00	9:00
9:30	9:30	9:30	9:30
10:00	10:00	10:00	10:00
10:30	10:30	10:30	10:30

0	1	2	3	4	0	1	2	3	4	0	1	2	3	4	0	1	2	3	4

WEEK FROM / TO /	MONDAY	TUESDAY	WEDNESDAY
THIS WEEK'S PRIORITIES	**TASKS**	**TASKS**	**TASKS**
1	1	1	1
2	2	2	2
3	3	3	3
4	4	4	4
5	5	5	5
6	6	6	6
7	7	7	7
8	8	8	8
NEW CONTACTS	5:00	5:00	5:00
	5:30	5:30	5:30
	6:00	6:00	6:00
	6:30	6:30	6:30
	7:00	7:00	7:00
	7:30	7:30	7:30
	8:00	8:00	8:00
	8:30	8:30	8:30
	9:00	9:00	9:00
	9:30	9:30	9:30
	10:00	10:00	10:00
FOLLOW UP	10:30	10:30	10:30
	11:00	11:00	11:00
	11:30	11:30	11:30
	12:00p	12:00p	12:00p
	12:30	12:30	12:30
	1:00	1:00	1:00
	1:30	1:30	1:30
NEWLY ENROLLED	2:00	2:00	2:00
	2:30	2:30	2:30
	3:00	3:00	3:00
	3:30	3:30	3:30
	4:00	4:00	4:00
HELP TO TEAM LEADER	4:30	4:30	4:30
	5:00	5:00	5:00
	5:30	5:30	5:30
	6:00	6:00	6:00
BOOKS	6:30	6:30	6:30
	7:00	7:00	7:00
	7:30	7:30	7:30
SKILLS I'M WORKING ON	8:00	8:00	8:00
	8:30	8:30	8:30
	9:00	9:00	9:00
	9:30	9:30	9:30
TIME FOCUS KEY	10:00	10:00	10:00
1 = Your Perfect Morning Routine	10:30	10:30	10:30

TIME FOCUS KEY		TIME FOCUS:	1	2	3	4	5	1	2	3	4	5	1	2	3	4	5
2 = Prospecting		✔ when completed:															
3 = Presenting																	
4 = Following up																	
5 = Getting People Started																	

8

THURSDAY		FRIDAY		SATURDAY		SUNDAY	
TASKS		TASKS		TASKS		TASKS	
1		1		1		1	
2		2		2		2	
3		3		3		3	
4		4		4		4	
5		5		5		5	
6		6		6		6	
7		7		7		7	
8		8		8		8	
5:00		5:00		5:00		5:00	
5:30		5:30		5:30		5:30	
6:00		6:00		6:00		6:00	
6:30		6:30		6:30		6:30	
7:00		7:00		7:00		7:00	
7:30		7:30		7:30		7:30	
8:00		8:00		8:00		8:00	
8:30		8:30		8:30		8:30	
9:00		9:00		9:00		9:00	
9:30		9:30		9:30		9:30	
10:00		10:00		10:00		10:00	
10:30		10:30		10:30		10:30	
11:00		11:00		11:00		11:00	
11:30		11:30		11:30		11:30	
12:00p		12:00p		12:00p		12:00p	
12:30		12:30		12:30		12:30	
1:00		1:00		1:00		1:00	
1:30		1:30		1:30		1:30	
2:00		2:00		2:00		2:00	
2:30		2:30		2:30		2:30	
3:00		3:00		3:00		3:00	
3:30		3:30		3:30		3:30	
4:00		4:00		4:00		4:00	
4:30		4:30		4:30		4:30	
5:00		5:00		5:00		5:00	
5:30		5:30		5:30		5:30	
6:00		6:00		6:00		6:00	
6:30		6:30		6:30		6:30	
7:00		7:00		7:00		7:00	
7:30		7:30		7:30		7:30	
8:00		8:00		8:00		8:00	
8:30		8:30		8:30		8:30	
9:00		9:00		9:00		9:00	
9:30		9:30		9:30		9:30	
10:00		10:00		10:00		10:00	
10:30		10:30		10:30		10:30	

0	1	2	3	4	0	1	2	3	4	0	1	2	3	4	0	1	2	3	4

WEEK FROM / TO /	MONDAY	TUESDAY	WEDNESDAY
THIS WEEK'S PRIORITIES	TASKS	TASKS	TASKS
1	1	1	1
2	2	2	2
3	3	3	3
4	4	4	4
5	5	5	5
6	6	6	6
7	7	7	7
8	8	8	8
NEW CONTACTS	5:00	5:00	5:00
	5:30	5:30	5:30
	6:00	6:00	6:00
	6:30	6:30	6:30
	7:00	7:00	7:00
	7:30	7:30	7:30
	8:00	8:00	8:00
	8:30	8:30	8:30
	9:00	9:00	9:00
	9:30	9:30	9:30
	10:00	10:00	10:00
FOLLOW UP	10:30	10:30	10:30
	11:00	11:00	11:00
	11:30	11:30	11:30
	12:00p	12:00p	12:00p
	12:30	12:30	12:30
	1:00	1:00	1:00
	1:30	1:30	1:30
NEWLY ENROLLED	2:00	2:00	2:00
	2:30	2:30	2:30
	3:00	3:00	3:00
	3:30	3:30	3:30
	4:00	4:00	4:00
HELP TO TEAM LEADER	4:30	4:30	4:30
	5:00	5:00	5:00
	5:30	5:30	5:30
	6:00	6:00	6:00
BOOKS	6:30	6:30	6:30
	7:00	7:00	7:00
	7:30	7:30	7:30
SKILLS I'M WORKING ON	8:00	8:00	8:00
	8:30	8:30	8:30
	9:00	9:00	9:00
	9:30	9:30	9:30
	10:00	10:00	10:00
	10:30	10:30	10:30

TIME FOCUS KEY

1 = Your Perfect Morning Routing
2 = Prospecting
3 = Presenting
4 = Following up
5 = Getting People Started

TIME FOCUS:	1	2	3	4	5	1	2	3	4	5	1	2	3	4	5
✔ when completed:															

THURSDAY	FRIDAY	SATURDAY	SUNDAY
TASKS	**TASKS**	**TASKS**	**TASKS**
1	1	1	1
2	2	2	2
3	3	3	3
4	4	4	4
5	5	5	5
6	6	6	6
7	7	7	7
8	8	8	8
5:00	5:00	5:00	5:00
5:30	5:30	5:30	5:30
6:00	6:00	6:00	6:00
6:30	6:30	6:30	6:30
7:00	7:00	7:00	7:00
7:30	7:30	7:30	7:30
8:00	8:00	8:00	8:00
8:30	8:30	8:30	8:30
9:00	9:00	9:00	9:00
9:30	9:30	9:30	9:30
10:00	10:00	10:00	10:00
10:30	10:30	10:30	10:30
11:00	11:00	11:00	11:00
11:30	11:30	11:30	11:30
12:00p	12:00p	12:00p	12:00p
12:30	12:30	12:30	12:30
1:00	1:00	1:00	1:00
1:30	1:30	1:30	1:30
2:00	2:00	2:00	2:00
2:30	2:30	2:30	2:30
3:00	3:00	3:00	3:00
3:30	3:30	3:30	3:30
4:00	4:00	4:00	4:00
4:30	4:30	4:30	4:30
5:00	5:00	5:00	5:00
5:30	5:30	5:30	5:30
6:00	6:00	6:00	6:00
6:30	6:30	6:30	6:30
7:00	7:00	7:00	7:00
7:30	7:30	7:30	7:30
8:00	8:00	8:00	8:00
8:30	8:30	8:30	8:30
9:00	9:00	9:00	9:00
9:30	9:30	9:30	9:30
10:00	10:00	10:00	10:00
10:30	10:30	10:30	10:30

0	1	2	3	4	0	1	2	3	4	0	1	2	3	4	0	1	2	3	4

WEEK FROM ___ / ___ TO ___ / ___	MONDAY ___	TUESDAY ___	WEDNESDAY ___
THIS WEEK'S PRIORITIES	**TASKS**	**TASKS**	**TASKS**
1	1	1	1
2	2	2	2
3	3	3	3
4	4	4	4
5	5	5	5
6	6	6	6
7	7	7	7
8	8	8	8
NEW CONTACTS	5:00	5:00	5:00
	5:30	5:30	5:30
	6:00	6:00	6:00
	6:30	6:30	6:30
	7:00	7:00	7:00
	7:30	7:30	7:30
	8:00	8:00	8:00
	8:30	8:30	8:30
	9:00	9:00	9:00
	9:30	9:30	9:30
	10:00	10:00	10:00
FOLLOW UP	10:30	10:30	10:30
	11:00	11:00	11:00
	11:30	11:30	11:30
	12:00p	12:00p	12:00p
	12:30	12:30	12:30
	1:00	1:00	1:00
	1:30	1:30	1:30
NEWLY ENROLLED	2:00	2:00	2:00
	2:30	2:30	2:30
	3:00	3:00	3:00
	3:30	3:30	3:30
	4:00	4:00	4:00
HELP TO TEAM LEADER	4:30	4:30	4:30
	5:00	5:00	5:00
	5:30	5:30	5:30
	6:00	6:00	6:00
BOOKS	6:30	6:30	6:30
	7:00	7:00	7:00
	7:30	7:30	7:30
SKILLS I'M WORKING ON	8:00	8:00	8:00
	8:30	8:30	8:30
	9:00	9:00	9:00
	9:30	9:30	9:30
TIME FOCUS KEY	10:00	10:00	10:00
1 = Your Perfect Morning Routing	10:30	10:30	10:30

2 = Prospecting	**TIME FOCUS:**	1	2	3	4	5	1	2	3	4	5	1	2	3	4	5
3 = Presenting	✔ when completed:															
4 = Following up																
5 = Getting People Started																

THURSDAY	FRIDAY	SATURDAY	SUNDAY
TASKS	**TASKS**	**TASKS**	**TASKS**
1	1	1	1
2	2	2	2
3	3	3	3
4	4	4	4
5	5	5	5
6	6	6	6
7	7	7	7
8	8	8	8
5:00	5:00	5:00	5:00
5:30	5:30	5:30	5:30
6:00	6:00	6:00	6:00
6:30	6:30	6:30	6:30
7:00	7:00	7:00	7:00
7:30	7:30	7:30	7:30
8:00	8:00	8:00	8:00
8:30	8:30	8:30	8:30
9:00	9:00	9:00	9:00
9:30	9:30	9:30	9:30
10:00	10:00	10:00	10:00
10:30	10:30	10:30	10:30
11:00	11:00	11:00	11:00
11:30	11:30	11:30	11:30
12:00p	12:00p	12:00p	12:00p
12:30	12:30	12:30	12:30
1:00	1:00	1:00	1:00
1:30	1:30	1:30	1:30
2:00	2:00	2:00	2:00
2:30	2:30	2:30	2:30
3:00	3:00	3:00	3:00
3:30	3:30	3:30	3:30
4:00	4:00	4:00	4:00
4:30	4:30	4:30	4:30
5:00	5:00	5:00	5:00
5:30	5:30	5:30	5:30
6:00	6:00	6:00	6:00
6:30	6:30	6:30	6:30
7:00	7:00	7:00	7:00
7:30	7:30	7:30	7:30
8:00	8:00	8:00	8:00
8:30	8:30	8:30	8:30
9:00	9:00	9:00	9:00
9:30	9:30	9:30	9:30
10:00	10:00	10:00	10:00
10:30	10:30	10:30	10:30

0	1	2	3	4	0	1	2	3	4	0	1	2	3	4	0	1	2	3	4

WEEK FROM / TO /	MONDAY	TUESDAY	WEDNESDAY
THIS WEEK'S PRIORITIES	**TASKS**	**TASKS**	**TASKS**
1	1	1	1
2	2	2	2
3	3	3	3
4	4	4	4
5	5	5	5
6	6	6	6
7	7	7	7
8	8	8	8
NEW CONTACTS	5:00	5:00	5:00
	5:30	5:30	5:30
	6:00	6:00	6:00
	6:30	6:30	6:30
	7:00	7:00	7:00
	7:30	7:30	7:30
	8:00	8:00	8:00
	8:30	8:30	8:30
	9:00	9:00	9:00
	9:30	9:30	9:30
	10:00	10:00	10:00
FOLLOW UP	10:30	10:30	10:30
	11:00	11:00	11:00
	11:30	11:30	11:30
	12:00p	12:00p	12:00p
	12:30	12:30	12:30
	1:00	1:00	1:00
	1:30	1:30	1:30
NEWLY ENROLLED	2:00	2:00	2:00
	2:30	2:30	2:30
	3:00	3:00	3:00
	3:30	3:30	3:30
	4:00	4:00	4:00
HELP TO TEAM LEADER	4:30	4:30	4:30
	5:00	5:00	5:00
	5:30	5:30	5:30
	6:00	6:00	6:00
BOOKS	6:30	6:30	6:30
	7:00	7:00	7:00
	7:30	7:30	7:30
SKILLS I'M WORKING ON	8:00	8:00	8:00
	8:30	8:30	8:30
	9:00	9:00	9:00
	9:30	9:30	9:30
TIME FOCUS KEY	10:00	10:00	10:00
1 = Your Perfect Morning Routine	10:30	10:30	10:30

TIME FOCUS KEY	TIME FOCUS:	1	2	3	4	5	1	2	3	4	5	1	2	3	4	5
1 = Your Perfect Morning Routine																
2 = Prospecting																
3 = Presenting	✔ when completed:															
4 = Following up																
5 = Getting People Started																

THURSDAY	FRIDAY	SATURDAY	SUNDAY
TASKS	TASKS	TASKS	TASKS
1	1	1	1
2	2	2	2
3	3	3	3
4	4	4	4
5	5	5	5
6	6	6	6
7	7	7	7
8	8	8	8
5:00	5:00	5:00	5:00
5:30	5:30	5:30	5:30
6:00	6:00	6:00	6:00
6:30	6:30	6:30	6:30
7:00	7:00	7:00	7:00
7:30	7:30	7:30	7:30
8:00	8:00	8:00	8:00
8:30	8:30	8:30	8:30
9:00	9:00	9:00	9:00
9:30	9:30	9:30	9:30
10:00	10:00	10:00	10:00
10:30	10:30	10:30	10:30
11:00	11:00	11:00	11:00
11:30	11:30	11:30	11:30
12:00p	12:00p	12:00p	12:00p
12:30	12:30	12:30	12:30
1:00	1:00	1:00	1:00
1:30	1:30	1:30	1:30
2:00	2:00	2:00	2:00
2:30	2:30	2:30	2:30
3:00	3:00	3:00	3:00
3:30	3:30	3:30	3:30
4:00	4:00	4:00	4:00
4:30	4:30	4:30	4:30
5:00	5:00	5:00	5:00
5:30	5:30	5:30	5:30
6:00	6:00	6:00	6:00
6:30	6:30	6:30	6:30
7:00	7:00	7:00	7:00
7:30	7:30	7:30	7:30
8:00	8:00	8:00	8:00
8:30	8:30	8:30	8:30
9:00	9:00	9:00	9:00
9:30	9:30	9:30	9:30
10:00	10:00	10:00	10:00
10:30	10:30	10:30	10:30

0	1	2	3	4	0	1	2	3	4	0	1	2	3	4	0	1	2	3	4

15

WEEK FROM	/ TO /	MONDAY		TUESDAY		WEDNESDAY	
THIS WEEK'S PRIORITIES		TASKS		TASKS		TASKS	
1		1		1		1	
2		2		2		2	
3		3		3		3	
4		4		4		4	
5		5		5		5	
6		6		6		6	
7		7		7		7	
8		8		8		8	
NEW CONTACTS		5:00		5:00		5:00	
		5:30		5:30		5:30	
		6:00		6:00		6:00	
		6:30		6:30		6:30	
		7:00		7:00		7:00	
		7:30		7:30		7:30	
		8:00		8:00		8:00	
		8:30		8:30		8:30	
		9:00		9:00		9:00	
		9:30		9:30		9:30	
		10:00		10:00		10:00	
FOLLOW UP		10:30		10:30		10:30	
		11:00		11:00		11:00	
		11:30		11:30		11:30	
		12:00p		12:00p		12:00p	
		12:30		12:30		12:30	
		1:00		1:00		1:00	
		1:30		1:30		1:30	
NEWLY ENROLLED		2:00		2:00		2:00	
		2:30		2:30		2:30	
		3:00		3:00		3:00	
		3:30		3:30		3:30	
		4:00		4:00		4:00	
HELP TO TEAM LEADER		4:30		4:30		4:30	
		5:00		5:00		5:00	
		5:30		5:30		5:30	
		6:00		6:00		6:00	
BOOKS		6:30		6:30		6:30	
		7:00		7:00		7:00	
		7:30		7:30		7:30	
SKILLS I'M WORKING ON		8:00		8:00		8:00	
		8:30		8:30		8:30	
		9:00		9:00		9:00	
		9:30		9:30		9:30	
TIME FOCUS KEY		10:00		10:00		10:00	
1 = Your Perfect Morning Routine		10:30		10:30		10:30	

	TIME FOCUS KEY	TIME FOCUS:	1	2	3	4	5	1	2	3	4	5	1	2	3	4	5
2 = Prospecting		✔ when completed:															
3 = Presenting																	
4 = Following up																	
5 = Getting People Started																	

THURSDAY		FRIDAY		SATURDAY		SUNDAY	
TASKS		TASKS		TASKS		TASKS	
1		1		1		1	
2		2		2		2	
3		3		3		3	
4		4		4		4	
5		5		5		5	
6		6		6		6	
7		7		7		7	
8		8		8		8	
5:00		5:00		5:00		5:00	
5:30		5:30		5:30		5:30	
6:00		6:00		6:00		6:00	
6:30		6:30		6:30		6:30	
7:00		7:00		7:00		7:00	
7:30		7:30		7:30		7:30	
8:00		8:00		8:00		8:00	
8:30		8:30		8:30		8:30	
9:00		9:00		9:00		9:00	
9:30		9:30		9:30		9:30	
10:00		10:00		10:00		10:00	
10:30		10:30		10:30		10:30	
11:00		11:00		11:00		11:00	
11:30		11:30		11:30		11:30	
12:00p		12:00p		12:00p		12:00p	
12:30		12:30		12:30		12:30	
1:00		1:00		1:00		1:00	
1:30		1:30		1:30		1:30	
2:00		2:00		2:00		2:00	
2:30		2:30		2:30		2:30	
3:00		3:00		3:00		3:00	
3:30		3:30		3:30		3:30	
4:00		4:00		4:00		4:00	
4:30		4:30		4:30		4:30	
5:00		5:00		5:00		5:00	
5:30		5:30		5:30		5:30	
6:00		6:00		6:00		6:00	
6:30		6:30		6:30		6:30	
7:00		7:00		7:00		7:00	
7:30		7:30		7:30		7:30	
8:00		8:00		8:00		8:00	
8:30		8:30		8:30		8:30	
9:00		9:00		9:00		9:00	
9:30		9:30		9:30		9:30	
10:00		10:00		10:00		10:00	
10:30		10:30		10:30		10:30	

0	1	2	3	4	0	1	2	3	4	0	1	2	3	4	0	1	2	3	4

WEEK FROM	/ TO /	MONDAY		TUESDAY		WEDNESDAY	
THIS WEEK'S PRIORITIES		TASKS		TASKS		TASKS	
1		1		1		1	
2		2		2		2	
3		3		3		3	
4		4		4		4	
5		5		5		5	
6		6		6		6	
7		7		7		7	
8		8		8		8	
NEW CONTACTS		5:00		5:00		5:00	
		5:30		5:30		5:30	
		6:00		6:00		6:00	
		6:30		6:30		6:30	
		7:00		7:00		7:00	
		7:30		7:30		7:30	
		8:00		8:00		8:00	
		8:30		8:30		8:30	
		9:00		9:00		9:00	
		9:30		9:30		9:30	
		10:00		10:00		10:00	
FOLLOW UP		10:30		10:30		10:30	
		11:00		11:00		11:00	
		11:30		11:30		11:30	
		12:00p		12:00p		12:00p	
		12:30		12:30		12:30	
		1:00		1:00		1:00	
		1:30		1:30		1:30	
NEWLY ENROLLED		2:00		2:00		2:00	
		2:30		2:30		2:30	
		3:00		3:00		3:00	
		3:30		3:30		3:30	
		4:00		4:00		4:00	
HELP TO TEAM LEADER		4:30		4:30		4:30	
		5:00		5:00		5:00	
		5:30		5:30		5:30	
		6:00		6:00		6:00	
BOOKS		6:30		6:30		6:30	
		7:00		7:00		7:00	
		7:30		7:30		7:30	
SKILLS I'M WORKING ON		8:00		8:00		8:00	
		8:30		8:30		8:30	
		9:00		9:00		9:00	
		9:30		9:30		9:30	
TIME FOCUS KEY		10:00		10:00		10:00	
1 = Your Perfect Morning Routing		10:30		10:30		10:30	

TIME FOCUS KEY		TIME FOCUS:	1	2	3	4	5	1	2	3	4	5	1	2	3	4	5
2 = Prospecting																	
3 = Presenting		✔ when completed:															
4 = Following up																	
5 = Getting People Started																	

18

THURSDAY	FRIDAY	SATURDAY	SUNDAY
TASKS	TASKS	TASKS	TASKS
1	1	1	1
2	2	2	2
3	3	3	3
4	4	4	4
5	5	5	5
6	6	6	6
7	7	7	7
8	8	8	8
5:00	5:00	5:00	5:00
5:30	5:30	5:30	5:30
6:00	6:00	6:00	6:00
6:30	6:30	6:30	6:30
7:00	7:00	7:00	7:00
7:30	7:30	7:30	7:30
8:00	8:00	8:00	8:00
8:30	8:30	8:30	8:30
9:00	9:00	9:00	9:00
9:30	9:30	9:30	9:30
10:00	10:00	10:00	10:00
10:30	10:30	10:30	10:30
11:00	11:00	11:00	11:00
11:30	11:30	11:30	11:30
12:00p	12:00p	12:00p	12:00p
12:30	12:30	12:30	12:30
1:00	1:00	1:00	1:00
1:30	1:30	1:30	1:30
2:00	2:00	2:00	2:00
2:30	2:30	2:30	2:30
3:00	3:00	3:00	3:00
3:30	3:30	3:30	3:30
4:00	4:00	4:00	4:00
4:30	4:30	4:30	4:30
5:00	5:00	5:00	5:00
5:30	5:30	5:30	5:30
6:00	6:00	6:00	6:00
6:30	6:30	6:30	6:30
7:00	7:00	7:00	7:00
7:30	7:30	7:30	7:30
8:00	8:00	8:00	8:00
8:30	8:30	8:30	8:30
9:00	9:00	9:00	9:00
9:30	9:30	9:30	9:30
10:00	10:00	10:00	10:00
10:30	10:30	10:30	10:30

0	1	2	3	4	0	1	2	3	4	0	1	2	3	4	0	1	2	3	4

WEEK FROM ___ / ___ TO ___ / ___	MONDAY	TUESDAY	WEDNESDAY
THIS WEEK'S PRIORITIES	**TASKS**	**TASKS**	**TASKS**
1	1	1	1
2	2	2	2
3	3	3	3
4	4	4	4
5	5	5	5
6	6	6	6
7	7	7	7
8	8	8	8
NEW CONTACTS	5:00	5:00	5:00
	5:30	5:30	5:30
	6:00	6:00	6:00
	6:30	6:30	6:30
	7:00	7:00	7:00
	7:30	7:30	7:30
	8:00	8:00	8:00
	8:30	8:30	8:30
	9:00	9:00	9:00
	9:30	9:30	9:30
	10:00	10:00	10:00
FOLLOW UP	10:30	10:30	10:30
	11:00	11:00	11:00
	11:30	11:30	11:30
	12:00p	12:00p	12:00p
	12:30	12:30	12:30
	1:00	1:00	1:00
	1:30	1:30	1:30
NEWLY ENROLLED	2:00	2:00	2:00
	2:30	2:30	2:30
	3:00	3:00	3:00
	3:30	3:30	3:30
	4:00	4:00	4:00
HELP TO TEAM LEADER	4:30	4:30	4:30
	5:00	5:00	5:00
	5:30	5:30	5:30
	6:00	6:00	6:00
BOOKS	6:30	6:30	6:30
	7:00	7:00	7:00
	7:30	7:30	7:30
SKILLS I'M WORKING ON	8:00	8:00	8:00
	8:30	8:30	8:30
	9:00	9:00	9:00
	9:30	9:30	9:30
TIME FOCUS KEY	10:00	10:00	10:00
1 = Your Perfect Morning Routine	10:30	10:30	10:30

TIME FOCUS KEY
- 1 = Your Perfect Morning Routine
- 2 = Prospecting
- 3 = Presenting
- 4 = Following up
- 5 = Getting People Started

TIME FOCUS: ✔ when completed:	1	2	3	4	5	1	2	3	4	5	1	2	3	4	5

THURSDAY	FRIDAY	SATURDAY	SUNDAY
TASKS	**TASKS**	**TASKS**	**TASKS**
1	1	1	1
2	2	2	2
3	3	3	3
4	4	4	4
5	5	5	5
6	6	6	6
7	7	7	7
8	8	8	8
5:00	5:00	5:00	5:00
5:30	5:30	5:30	5:30
6:00	6:00	6:00	6:00
6:30	6:30	6:30	6:30
7:00	7:00	7:00	7:00
7:30	7:30	7:30	7:30
8:00	8:00	8:00	8:00
8:30	8:30	8:30	8:30
9:00	9:00	9:00	9:00
9:30	9:30	9:30	9:30
10:00	10:00	10:00	10:00
10:30	10:30	10:30	10:30
11:00	11:00	11:00	11:00
11:30	11:30	11:30	11:30
12:00p	12:00p	12:00p	12:00p
12:30	12:30	12:30	12:30
1:00	1:00	1:00	1:00
1:30	1:30	1:30	1:30
2:00	2:00	2:00	2:00
2:30	2:30	2:30	2:30
3:00	3:00	3:00	3:00
3:30	3:30	3:30	3:30
4:00	4:00	4:00	4:00
4:30	4:30	4:30	4:30
5:00	5:00	5:00	5:00
5:30	5:30	5:30	5:30
6:00	6:00	6:00	6:00
6:30	6:30	6:30	6:30
7:00	7:00	7:00	7:00
7:30	7:30	7:30	7:30
8:00	8:00	8:00	8:00
8:30	8:30	8:30	8:30
9:00	9:00	9:00	9:00
9:30	9:30	9:30	9:30
10:00	10:00	10:00	10:00
10:30	10:30	10:30	10:30

0	1	2	3	4	0	1	2	3	4	0	1	2	3	4	0	1	2	3	4

WEEK FROM / TO /	MONDAY	TUESDAY	WEDNESDAY
THIS WEEK'S PRIORITIES	TASKS	TASKS	TASKS

THIS WEEK'S PRIORITIES	MONDAY TASKS	TUESDAY TASKS	WEDNESDAY TASKS
1	1	1	1
2	2	2	2
3	3	3	3
4	4	4	4
5	5	5	5
6	6	6	6
7	7	7	7
8	8	8	8
NEW CONTACTS	5:00	5:00	5:00
	5:30	5:30	5:30
	6:00	6:00	6:00
	6:30	6:30	6:30
	7:00	7:00	7:00
	7:30	7:30	7:30
	8:00	8:00	8:00
	8:30	8:30	8:30
	9:00	9:00	9:00
	9:30	9:30	9:30
	10:00	10:00	10:00
FOLLOW UP	10:30	10:30	10:30
	11:00	11:00	11:00
	11:30	11:30	11:30
	12:00p	12:00p	12:00p
	12:30	12:30	12:30
	1:00	1:00	1:00
	1:30	1:30	1:30
NEWLY ENROLLED	2:00	2:00	2:00
	2:30	2:30	2:30
	3:00	3:00	3:00
	3:30	3:30	3:30
	4:00	4:00	4:00
HELP TO TEAM LEADER	4:30	4:30	4:30
	5:00	5:00	5:00
	5:30	5:30	5:30
	6:00	6:00	6:00
BOOKS	6:30	6:30	6:30
	7:00	7:00	7:00
	7:30	7:30	7:30
SKILLS I'M WORKING ON	8:00	8:00	8:00
	8:30	8:30	8:30
	9:00	9:00	9:00
	9:30	9:30	9:30
TIME FOCUS KEY	10:00	10:00	10:00
1 = Your Perfect Morning Routine	10:30	10:30	10:30

TIME FOCUS KEY	TIME FOCUS:	1	2	3	4	5	1	2	3	4	5	1	2	3	4	5
2 = Prospecting	✔ when completed:															
3 = Presenting																
4 = Following up																
5 = Getting People Started																

THURSDAY	FRIDAY	SATURDAY	SUNDAY
TASKS	TASKS	TASKS	TASKS
1	1	1	1
2	2	2	2
3	3	3	3
4	4	4	4
5	5	5	5
6	6	6	6
7	7	7	7
8	8	8	8
5:00	5:00	5:00	5:00
5:30	5:30	5:30	5:30
6:00	6:00	6:00	6:00
6:30	6:30	6:30	6:30
7:00	7:00	7:00	7:00
7:30	7:30	7:30	7:30
8:00	8:00	8:00	8:00
8:30	8:30	8:30	8:30
9:00	9:00	9:00	9:00
9:30	9:30	9:30	9:30
10:00	10:00	10:00	10:00
10:30	10:30	10:30	10:30
11:00	11:00	11:00	11:00
11:30	11:30	11:30	11:30
12:00p	12:00p	12:00p	12:00p
12:30	12:30	12:30	12:30
1:00	1:00	1:00	1:00
1:30	1:30	1:30	1:30
2:00	2:00	2:00	2:00
2:30	2:30	2:30	2:30
3:00	3:00	3:00	3:00
3:30	3:30	3:30	3:30
4:00	4:00	4:00	4:00
4:30	4:30	4:30	4:30
5:00	5:00	5:00	5:00
5:30	5:30	5:30	5:30
6:00	6:00	6:00	6:00
6:30	6:30	6:30	6:30
7:00	7:00	7:00	7:00
7:30	7:30	7:30	7:30
8:00	8:00	8:00	8:00
8:30	8:30	8:30	8:30
9:00	9:00	9:00	9:00
9:30	9:30	9:30	9:30
10:00	10:00	10:00	10:00
10:30	10:30	10:30	10:30

0	1	2	3	4	0	1	2	3	4	0	1	2	3	4	0	1	2	3	4

WEEK FROM	/ TO /	MONDAY		TUESDAY		WEDNESDAY	
THIS WEEK'S PRIORITIES		**TASKS**		**TASKS**		**TASKS**	
1		1		1		1	
2		2		2		2	
3		3		3		3	
4		4		4		4	
5		5		5		5	
6		6		6		6	
7		7		7		7	
8		8		8		8	
NEW CONTACTS		5:00		5:00		5:00	
		5:30		5:30		5:30	
		6:00		6:00		6:00	
		6:30		6:30		6:30	
		7:00		7:00		7:00	
		7:30		7:30		7:30	
		8:00		8:00		8:00	
		8:30		8:30		8:30	
		9:00		9:00		9:00	
		9:30		9:30		9:30	
		10:00		10:00		10:00	
FOLLOW UP		10:30		10:30		10:30	
		11:00		11:00		11:00	
		11:30		11:30		11:30	
		12:00p		12:00p		12:00p	
		12:30		12:30		12:30	
		1:00		1:00		1:00	
		1:30		1:30		1:30	
NEWLY ENROLLED		2:00		2:00		2:00	
		2:30		2:30		2:30	
		3:00		3:00		3:00	
		3:30		3:30		3:30	
		4:00		4:00		4:00	
HELP TO TEAM LEADER		4:30		4:30		4:30	
		5:00		5:00		5:00	
		5:30		5:30		5:30	
		6:00		6:00		6:00	
BOOKS		6:30		6:30		6:30	
		7:00		7:00		7:00	
		7:30		7:30		7:30	
SKILLS I'M WORKING ON		8:00		8:00		8:00	
		8:30		8:30		8:30	
		9:00		9:00		9:00	
		9:30		9:30		9:30	
TIME FOCUS KEY		10:00		10:00		10:00	
1 = Your Perfect Morning Routing		10:30		10:30		10:30	

TIME FOCUS KEY	TIME FOCUS:	1	2	3	4	5	1	2	3	4	5	1	2	3	4	5
2 = Prospecting	✔ when completed:															
3 = Presenting																
4 = Following up																
5 = Getting People Started																

24

THURSDAY	FRIDAY	SATURDAY	SUNDAY
TASKS	TASKS	TASKS	TASKS
1	1	1	1
2	2	2	2
3	3	3	3
4	4	4	4
5	5	5	5
6	6	6	6
7	7	7	7
8	8	8	8
5:00	5:00	5:00	5:00
5:30	5:30	5:30	5:30
6:00	6:00	6:00	6:00
6:30	6:30	6:30	6:30
7:00	7:00	7:00	7:00
7:30	7:30	7:30	7:30
8:00	8:00	8:00	8:00
8:30	8:30	8:30	8:30
9:00	9:00	9:00	9:00
9:30	9:30	9:30	9:30
10:00	10:00	10:00	10:00
10:30	10:30	10:30	10:30
11:00	11:00	11:00	11:00
11:30	11:30	11:30	11:30
12:00p	12:00p	12:00p	12:00p
12:30	12:30	12:30	12:30
1:00	1:00	1:00	1:00
1:30	1:30	1:30	1:30
2:00	2:00	2:00	2:00
2:30	2:30	2:30	2:30
3:00	3:00	3:00	3:00
3:30	3:30	3:30	3:30
4:00	4:00	4:00	4:00
4:30	4:30	4:30	4:30
5:00	5:00	5:00	5:00
5:30	5:30	5:30	5:30
6:00	6:00	6:00	6:00
6:30	6:30	6:30	6:30
7:00	7:00	7:00	7:00
7:30	7:30	7:30	7:30
8:00	8:00	8:00	8:00
8:30	8:30	8:30	8:30
9:00	9:00	9:00	9:00
9:30	9:30	9:30	9:30
10:00	10:00	10:00	10:00
10:30	10:30	10:30	10:30

0	1	2	3	4	0	1	2	3	4	0	1	2	3	4	0	1	2	3	4

WEEK FROM / TO /	MONDAY	TUESDAY	WEDNESDAY
THIS WEEK'S PRIORITIES	**TASKS**	**TASKS**	**TASKS**
1	1	1	1
2	2	2	2
3	3	3	3
4	4	4	4
5	5	5	5
6	6	6	6
7	7	7	7
8	8	8	8
NEW CONTACTS	5:00	5:00	5:00
	5:30	5:30	5:30
	6:00	6:00	6:00
	6:30	6:30	6:30
	7:00	7:00	7:00
	7:30	7:30	7:30
	8:00	8:00	8:00
	8:30	8:30	8:30
	9:00	9:00	9:00
	9:30	9:30	9:30
	10:00	10:00	10:00
FOLLOW UP	10:30	10:30	10:30
	11:00	11:00	11:00
	11:30	11:30	11:30
	12:00p	12:00p	12:00p
	12:30	12:30	12:30
	1:00	1:00	1:00
	1:30	1:30	1:30
NEWLY ENROLLED	2:00	2:00	2:00
	2:30	2:30	2:30
	3:00	3:00	3:00
	3:30	3:30	3:30
	4:00	4:00	4:00
HELP TO TEAM LEADER	4:30	4:30	4:30
	5:00	5:00	5:00
	5:30	5:30	5:30
	6:00	6:00	6:00
BOOKS	6:30	6:30	6:30
	7:00	7:00	7:00
	7:30	7:30	7:30
SKILLS I'M WORKING ON	8:00	8:00	8:00
	8:30	8:30	8:30
	9:00	9:00	9:00
	9:30	9:30	9:30
TIME FOCUS KEY	10:00	10:00	10:00
1 = Your Perfect Morning Routing	10:30	10:30	10:30

TIME FOCUS KEY		TIME FOCUS:	1	2	3	4	5	1	2	3	4	5	1	2	3	4	5
2 = Prospecting		✔ when completed:															
3 = Presenting																	
4 = Following up																	
5 = Getting People Started																	

THURSDAY	FRIDAY	SATURDAY	SUNDAY
TASKS	TASKS	TASKS	TASKS
1	1	1	1
2	2	2	2
3	3	3	3
4	4	4	4
5	5	5	5
6	6	6	6
7	7	7	7
8	8	8	8
5:00	5:00	5:00	5:00
5:30	5:30	5:30	5:30
6:00	6:00	6:00	6:00
6:30	6:30	6:30	6:30
7:00	7:00	7:00	7:00
7:30	7:30	7:30	7:30
8:00	8:00	8:00	8:00
8:30	8:30	8:30	8:30
9:00	9:00	9:00	9:00
9:30	9:30	9:30	9:30
10:00	10:00	10:00	10:00
10:30	10:30	10:30	10:30
11:00	11:00	11:00	11:00
11:30	11:30	11:30	11:30
12:00p	12:00p	12:00p	12:00p
12:30	12:30	12:30	12:30
1:00	1:00	1:00	1:00
1:30	1:30	1:30	1:30
2:00	2:00	2:00	2:00
2:30	2:30	2:30	2:30
3:00	3:00	3:00	3:00
3:30	3:30	3:30	3:30
4:00	4:00	4:00	4:00
4:30	4:30	4:30	4:30
5:00	5:00	5:00	5:00
5:30	5:30	5:30	5:30
6:00	6:00	6:00	6:00
6:30	6:30	6:30	6:30
7:00	7:00	7:00	7:00
7:30	7:30	7:30	7:30
8:00	8:00	8:00	8:00
8:30	8:30	8:30	8:30
9:00	9:00	9:00	9:00
9:30	9:30	9:30	9:30
10:00	10:00	10:00	10:00
10:30	10:30	10:30	10:30

0	1	2	3	4	0	1	2	3	4	0	1	2	3	4	0	1	2	3	4

WEEK FROM / TO /	MONDAY		TUESDAY		WEDNESDAY	
THIS WEEK'S PRIORITIES	**TASKS**		**TASKS**		**TASKS**	
1	1		1		1	
2	2		2		2	
3	3		3		3	
4	4		4		4	
5	5		5		5	
6	6		6		6	
7	7		7		7	
8	8		8		8	
NEW CONTACTS	5:00		5:00		5:00	
	5:30		5:30		5:30	
	6:00		6:00		6:00	
	6:30		6:30		6:30	
	7:00		7:00		7:00	
	7:30		7:30		7:30	
	8:00		8:00		8:00	
	8:30		8:30		8:30	
	9:00		9:00		9:00	
	9:30		9:30		9:30	
	10:00		10:00		10:00	
FOLLOW UP	10:30		10:30		10:30	
	11:00		11:00		11:00	
	11:30		11:30		11:30	
	12:00p		12:00p		12:00p	
	12:30		12:30		12:30	
	1:00		1:00		1:00	
	1:30		1:30		1:30	
NEWLY ENROLLED	2:00		2:00		2:00	
	2:30		2:30		2:30	
	3:00		3:00		3:00	
	3:30		3:30		3:30	
	4:00		4:00		4:00	
HELP TO TEAM LEADER	4:30		4:30		4:30	
	5:00		5:00		5:00	
	5:30		5:30		5:30	
	6:00		6:00		6:00	
BOOKS	6:30		6:30		6:30	
	7:00		7:00		7:00	
	7:30		7:30		7:30	
SKILLS I'M WORKING ON	8:00		8:00		8:00	
	8:30		8:30		8:30	
	9:00		9:00		9:00	
	9:30		9:30		9:30	
TIME FOCUS KEY	10:00		10:00		10:00	
1 = Your Perfect Morning Routing	10:30		10:30		10:30	

TIME FOCUS KEY	TIME FOCUS:	1	2	3	4	5	1	2	3	4	5	1	2	3	4	5
2 = Prospecting																
3 = Presenting	✔ when completed:															
4 = Following up																
5 = Getting People Started																

28

THURSDAY	FRIDAY	SATURDAY	SUNDAY
TASKS	TASKS	TASKS	TASKS

THURSDAY	FRIDAY	SATURDAY	SUNDAY
1	1	1	1
2	2	2	2
3	3	3	3
4	4	4	4
5	5	5	5
6	6	6	6
7	7	7	7
8	8	8	8
5:00	5:00	5:00	5:00
5:30	5:30	5:30	5:30
6:00	6:00	6:00	6:00
6:30	6:30	6:30	6:30
7:00	7:00	7:00	7:00
7:30	7:30	7:30	7:30
8:00	8:00	8:00	8:00
8:30	8:30	8:30	8:30
9:00	9:00	9:00	9:00
9:30	9:30	9:30	9:30
10:00	10:00	10:00	10:00
10:30	10:30	10:30	10:30
11:00	11:00	11:00	11:00
11:30	11:30	11:30	11:30
12:00p	12:00p	12:00p	12:00p
12:30	12:30	12:30	12:30
1:00	1:00	1:00	1:00
1:30	1:30	1:30	1:30
2:00	2:00	2:00	2:00
2:30	2:30	2:30	2:30
3:00	3:00	3:00	3:00
3:30	3:30	3:30	3:30
4:00	4:00	4:00	4:00
4:30	4:30	4:30	4:30
5:00	5:00	5:00	5:00
5:30	5:30	5:30	5:30
6:00	6:00	6:00	6:00
6:30	6:30	6:30	6:30
7:00	7:00	7:00	7:00
7:30	7:30	7:30	7:30
8:00	8:00	8:00	8:00
8:30	8:30	8:30	8:30
9:00	9:00	9:00	9:00
9:30	9:30	9:30	9:30
10:00	10:00	10:00	10:00
10:30	10:30	10:30	10:30

0	1	2	3	4	0	1	2	3	4	0	1	2	3	4	0	1	2	3	4

WEEK FROM / TO /		MONDAY TASKS		TUESDAY TASKS		WEDNESDAY TASKS	
THIS WEEK'S PRIORITIES							
1		1		1		1	
2		2		2		2	
3		3		3		3	
4		4		4		4	
5		5		5		5	
6		6		6		6	
7		7		7		7	
8		8		8		8	
NEW CONTACTS		5:00		5:00		5:00	
		5:30		5:30		5:30	
		6:00		6:00		6:00	
		6:30		6:30		6:30	
		7:00		7:00		7:00	
		7:30		7:30		7:30	
		8:00		8:00		8:00	
		8:30		8:30		8:30	
		9:00		9:00		9:00	
		9:30		9:30		9:30	
		10:00		10:00		10:00	
FOLLOW UP		10:30		10:30		10:30	
		11:00		11:00		11:00	
		11:30		11:30		11:30	
		12:00p		12:00p		12:00p	
		12:30		12:30		12:30	
		1:00		1:00		1:00	
		1:30		1:30		1:30	
NEWLY ENROLLED		2:00		2:00		2:00	
		2:30		2:30		2:30	
		3:00		3:00		3:00	
		3:30		3:30		3:30	
		4:00		4:00		4:00	
HELP TO TEAM LEADER		4:30		4:30		4:30	
		5:00		5:00		5:00	
		5:30		5:30		5:30	
		6:00		6:00		6:00	
BOOKS		6:30		6:30		6:30	
		7:00		7:00		7:00	
		7:30		7:30		7:30	
SKILLS I'M WORKING ON		8:00		8:00		8:00	
		8:30		8:30		8:30	
		9:00		9:00		9:00	
		9:30		9:30		9:30	
TIME FOCUS KEY		10:00		10:00		10:00	
1 = Your Perfect Morning Routine		10:30		10:30		10:30	

TIME FOCUS KEY		TIME FOCUS:	1	2	3	4	5	1	2	3	4	5	1	2	3	4	5
1 = Your Perfect Morning Routine																	
2 = Prospecting		✔ when completed:															
3 = Presenting																	
4 = Following up																	
5 = Getting People Started																	

THURSDAY	FRIDAY	SATURDAY	SUNDAY
TASKS	**TASKS**	**TASKS**	**TASKS**
1	1	1	1
2	2	2	2
3	3	3	3
4	4	4	4
5	5	5	5
6	6	6	6
7	7	7	7
8	8	8	8
5:00	5:00	5:00	5:00
5:30	5:30	5:30	5:30
6:00	6:00	6:00	6:00
6:30	6:30	6:30	6:30
7:00	7:00	7:00	7:00
7:30	7:30	7:30	7:30
8:00	8:00	8:00	8:00
8:30	8:30	8:30	8:30
9:00	9:00	9:00	9:00
9:30	9:30	9:30	9:30
10:00	10:00	10:00	10:00
10:30	10:30	10:30	10:30
11:00	11:00	11:00	11:00
11:30	11:30	11:30	11:30
12:00p	12:00p	12:00p	12:00p
12:30	12:30	12:30	12:30
1:00	1:00	1:00	1:00
1:30	1:30	1:30	1:30
2:00	2:00	2:00	2:00
2:30	2:30	2:30	2:30
3:00	3:00	3:00	3:00
3:30	3:30	3:30	3:30
4:00	4:00	4:00	4:00
4:30	4:30	4:30	4:30
5:00	5:00	5:00	5:00
5:30	5:30	5:30	5:30
6:00	6:00	6:00	6:00
6:30	6:30	6:30	6:30
7:00	7:00	7:00	7:00
7:30	7:30	7:30	7:30
8:00	8:00	8:00	8:00
8:30	8:30	8:30	8:30
9:00	9:00	9:00	9:00
9:30	9:30	9:30	9:30
10:00	10:00	10:00	10:00
10:30	10:30	10:30	10:30

0	1	2	3	4	0	1	2	3	4	0	1	2	3	4	0	1	2	3	4

WEEK FROM / TO /		MONDAY		TUESDAY		WEDNESDAY	
THIS WEEK'S PRIORITIES		**TASKS**		**TASKS**		**TASKS**	
1		1		1		1	
2		2		2		2	
3		3		3		3	
4		4		4		4	
5		5		5		5	
6		6		6		6	
7		7		7		7	
8		8		8		8	
NEW CONTACTS		5:00		5:00		5:00	
		5:30		5:30		5:30	
		6:00		6:00		6:00	
		6:30		6:30		6:30	
		7:00		7:00		7:00	
		7:30		7:30		7:30	
		8:00		8:00		8:00	
		8:30		8:30		8:30	
		9:00		9:00		9:00	
		9:30		9:30		9:30	
		10:00		10:00		10:00	
FOLLOW UP		10:30		10:30		10:30	
		11:00		11:00		11:00	
		11:30		11:30		11:30	
		12:00p		12:00p		12:00p	
		12:30		12:30		12:30	
		1:00		1:00		1:00	
		1:30		1:30		1:30	
NEWLY ENROLLED		2:00		2:00		2:00	
		2:30		2:30		2:30	
		3:00		3:00		3:00	
		3:30		3:30		3:30	
		4:00		4:00		4:00	
HELP TO TEAM LEADER		4:30		4:30		4:30	
		5:00		5:00		5:00	
		5:30		5:30		5:30	
		6:00		6:00		6:00	
BOOKS		6:30		6:30		6:30	
		7:00		7:00		7:00	
		7:30		7:30		7:30	
SKILLS I'M WORKING ON		8:00		8:00		8:00	
		8:30		8:30		8:30	
		9:00		9:00		9:00	
		9:30		9:30		9:30	
TIME FOCUS KEY		10:00		10:00		10:00	
1 = Your Perfect Morning Routing		10:30		10:30		10:30	

TIME FOCUS KEY			MONDAY					TUESDAY					WEDNESDAY				
2 = Prospecting	**TIME FOCUS:**	1	2	3	4	5	1	2	3	4	5	1	2	3	4	5
3 = Presenting	✔ when completed:															
4 = Following up																
5 = Getting People Started																

THURSDAY	FRIDAY	SATURDAY	SUNDAY
TASKS	**TASKS**	**TASKS**	**TASKS**
1	1	1	1
2	2	2	2
3	3	3	3
4	4	4	4
5	5	5	5
6	6	6	6
7	7	7	7
8	8	8	8
5:00	5:00	5:00	5:00
5:30	5:30	5:30	5:30
6:00	6:00	6:00	6:00
6:30	6:30	6:30	6:30
7:00	7:00	7:00	7:00
7:30	7:30	7:30	7:30
8:00	8:00	8:00	8:00
8:30	8:30	8:30	8:30
9:00	9:00	9:00	9:00
9:30	9:30	9:30	9:30
10:00	10:00	10:00	10:00
10:30	10:30	10:30	10:30
11:00	11:00	11:00	11:00
11:30	11:30	11:30	11:30
12:00p	12:00p	12:00p	12:00p
12:30	12:30	12:30	12:30
1:00	1:00	1:00	1:00
1:30	1:30	1:30	1:30
2:00	2:00	2:00	2:00
2:30	2:30	2:30	2:30
3:00	3:00	3:00	3:00
3:30	3:30	3:30	3:30
4:00	4:00	4:00	4:00
4:30	4:30	4:30	4:30
5:00	5:00	5:00	5:00
5:30	5:30	5:30	5:30
6:00	6:00	6:00	6:00
6:30	6:30	6:30	6:30
7:00	7:00	7:00	7:00
7:30	7:30	7:30	7:30
8:00	8:00	8:00	8:00
8:30	8:30	8:30	8:30
9:00	9:00	9:00	9:00
9:30	9:30	9:30	9:30
10:00	10:00	10:00	10:00
10:30	10:30	10:30	10:30

0	1	2	3	4	0	1	2	3	4	0	1	2	3	4	0	1	2	3	4

WEEK FROM / TO /	MONDAY	TUESDAY	WEDNESDAY
THIS WEEK'S PRIORITIES	TASKS	TASKS	TASKS
1	1	1	1
2	2	2	2
3	3	3	3
4	4	4	4
5	5	5	5
6	6	6	6
7	7	7	7
8	8	8	8
NEW CONTACTS	5:00	5:00	5:00
	5:30	5:30	5:30
	6:00	6:00	6:00
	6:30	6:30	6:30
	7:00	7:00	7:00
	7:30	7:30	7:30
	8:00	8:00	8:00
	8:30	8:30	8:30
	9:00	9:00	9:00
	9:30	9:30	9:30
	10:00	10:00	10:00
FOLLOW UP	10:30	10:30	10:30
	11:00	11:00	11:00
	11:30	11:30	11:30
	12:00p	12:00p	12:00p
	12:30	12:30	12:30
	1:00	1:00	1:00
	1:30	1:30	1:30
NEWLY ENROLLED	2:00	2:00	2:00
	2:30	2:30	2:30
	3:00	3:00	3:00
	3:30	3:30	3:30
	4:00	4:00	4:00
HELP TO TEAM LEADER	4:30	4:30	4:30
	5:00	5:00	5:00
	5:30	5:30	5:30
	6:00	6:00	6:00
BOOKS	6:30	6:30	6:30
	7:00	7:00	7:00
	7:30	7:30	7:30
SKILLS I'M WORKING ON	8:00	8:00	8:00
	8:30	8:30	8:30
	9:00	9:00	9:00
	9:30	9:30	9:30
TIME FOCUS KEY	10:00	10:00	10:00
1 = Your Perfect Morning Routing	10:30	10:30	10:30

TIME FOCUS KEY	TIME FOCUS:	1	2	3	4	5	1	2	3	4	5	1	2	3	4	5
1 = Your Perfect Morning Routing																
2 = Prospecting	✔ when completed:															
3 = Presenting																
4 = Following up																
5 = Getting People Started																

THURSDAY	FRIDAY	SATURDAY	SUNDAY
TASKS	**TASKS**	**TASKS**	**TASKS**
1	1	1	1
2	2	2	2
3	3	3	3
4	4	4	4
5	5	5	5
6	6	6	6
7	7	7	7
8	8	8	8
5:00	5:00	5:00	5:00
5:30	5:30	5:30	5:30
6:00	6:00	6:00	6:00
6:30	6:30	6:30	6:30
7:00	7:00	7:00	7:00
7:30	7:30	7:30	7:30
8:00	8:00	8:00	8:00
8:30	8:30	8:30	8:30
9:00	9:00	9:00	9:00
9:30	9:30	9:30	9:30
10:00	10:00	10:00	10:00
10:30	10:30	10:30	10:30
11:00	11:00	11:00	11:00
11:30	11:30	11:30	11:30
12:00p	12:00p	12:00p	12:00p
12:30	12:30	12:30	12:30
1:00	1:00	1:00	1:00
1:30	1:30	1:30	1:30
2:00	2:00	2:00	2:00
2:30	2:30	2:30	2:30
3:00	3:00	3:00	3:00
3:30	3:30	3:30	3:30
4:00	4:00	4:00	4:00
4:30	4:30	4:30	4:30
5:00	5:00	5:00	5:00
5:30	5:30	5:30	5:30
6:00	6:00	6:00	6:00
6:30	6:30	6:30	6:30
7:00	7:00	7:00	7:00
7:30	7:30	7:30	7:30
8:00	8:00	8:00	8:00
8:30	8:30	8:30	8:30
9:00	9:00	9:00	9:00
9:30	9:30	9:30	9:30
10:00	10:00	10:00	10:00
10:30	10:30	10:30	10:30

0	1	2	3	4	0	1	2	3	4	0	1	2	3	4	0	1	2	3	4

WEEK FROM	/ TO /	MONDAY		TUESDAY		WEDNESDAY	
THIS WEEK'S PRIORITIES		TASKS		TASKS		TASKS	

THIS WEEK'S PRIORITIES	MONDAY TASKS	TUESDAY TASKS	WEDNESDAY TASKS
1	1	1	1
2	2	2	2
3	3	3	3
4	4	4	4
5	5	5	5
6	6	6	6
7	7	7	7
8	8	8	8

	MONDAY	TUESDAY	WEDNESDAY
NEW CONTACTS	5:00	5:00	5:00
	5:30	5:30	5:30
	6:00	6:00	6:00
	6:30	6:30	6:30
	7:00	7:00	7:00
	7:30	7:30	7:30
	8:00	8:00	8:00
	8:30	8:30	8:30
	9:00	9:00	9:00
	9:30	9:30	9:30
	10:00	10:00	10:00
FOLLOW UP	10:30	10:30	10:30
	11:00	11:00	11:00
	11:30	11:30	11:30
	12:00p	12:00p	12:00p
	12:30	12:30	12:30
	1:00	1:00	1:00
	1:30	1:30	1:30
NEWLY ENROLLED	2:00	2:00	2:00
	2:30	2:30	2:30
	3:00	3:00	3:00
	3:30	3:30	3:30
	4:00	4:00	4:00
HELP TO TEAM LEADER	4:30	4:30	4:30
	5:00	5:00	5:00
	5:30	5:30	5:30
	6:00	6:00	6:00
BOOKS	6:30	6:30	6:30
	7:00	7:00	7:00
	7:30	7:30	7:30
SKILLS I'M WORKING ON	8:00	8:00	8:00
	8:30	8:30	8:30
	9:00	9:00	9:00
	9:30	9:30	9:30
TIME FOCUS KEY	10:00	10:00	10:00
1 = Your Perfect Morning Routing	10:30	10:30	10:30

TIME FOCUS KEY	TIME FOCUS:	1	2	3	4	5	1	2	3	4	5	1	2	3	4	5
2 = Prospecting	✔ when completed:															
3 = Presenting																
4 = Following up																
5 = Getting People Started																

THURSDAY	FRIDAY	SATURDAY	SUNDAY
TASKS	TASKS	TASKS	TASKS
1	1	1	1
2	2	2	2
3	3	3	3
4	4	4	4
5	5	5	5
6	6	6	6
7	7	7	7
8	8	8	8
5:00	5:00	5:00	5:00
5:30	5:30	5:30	5:30
6:00	6:00	6:00	6:00
6:30	6:30	6:30	6:30
7:00	7:00	7:00	7:00
7:30	7:30	7:30	7:30
8:00	8:00	8:00	8:00
8:30	8:30	8:30	8:30
9:00	9:00	9:00	9:00
9:30	9:30	9:30	9:30
10:00	10:00	10:00	10:00
10:30	10:30	10:30	10:30
11:00	11:00	11:00	11:00
11:30	11:30	11:30	11:30
12:00p	12:00p	12:00p	12:00p
12:30	12:30	12:30	12:30
1:00	1:00	1:00	1:00
1:30	1:30	1:30	1:30
2:00	2:00	2:00	2:00
2:30	2:30	2:30	2:30
3:00	3:00	3:00	3:00
3:30	3:30	3:30	3:30
4:00	4:00	4:00	4:00
4:30	4:30	4:30	4:30
5:00	5:00	5:00	5:00
5:30	5:30	5:30	5:30
6:00	6:00	6:00	6:00
6:30	6:30	6:30	6:30
7:00	7:00	7:00	7:00
7:30	7:30	7:30	7:30
8:00	8:00	8:00	8:00
8:30	8:30	8:30	8:30
9:00	9:00	9:00	9:00
9:30	9:30	9:30	9:30
10:00	10:00	10:00	10:00
10:30	10:30	10:30	10:30

0	1	2	3	4	0	1	2	3	4	0	1	2	3	4	0	1	2	3	4

WEEK FROM / TO /	MONDAY	TUESDAY	WEDNESDAY
THIS WEEK'S PRIORITIES	**TASKS**	**TASKS**	**TASKS**
1	1	1	1
2	2	2	2
3	3	3	3
4	4	4	4
5	5	5	5
6	6	6	6
7	7	7	7
8	8	8	8
NEW CONTACTS	5:00	5:00	5:00
	5:30	5:30	5:30
	6:00	6:00	6:00
	6:30	6:30	6:30
	7:00	7:00	7:00
	7:30	7:30	7:30
	8:00	8:00	8:00
	8:30	8:30	8:30
	9:00	9:00	9:00
	9:30	9:30	9:30
	10:00	10:00	10:00
FOLLOW UP	10:30	10:30	10:30
	11:00	11:00	11:00
	11:30	11:30	11:30
	12:00p	12:00p	12:00p
	12:30	12:30	12:30
	1:00	1:00	1:00
	1:30	1:30	1:30
NEWLY ENROLLED	2:00	2:00	2:00
	2:30	2:30	2:30
	3:00	3:00	3:00
	3:30	3:30	3:30
	4:00	4:00	4:00
HELP TO TEAM LEADER	4:30	4:30	4:30
	5:00	5:00	5:00
	5:30	5:30	5:30
	6:00	6:00	6:00
BOOKS	6:30	6:30	6:30
	7:00	7:00	7:00
	7:30	7:30	7:30
SKILLS I'M WORKING ON	8:00	8:00	8:00
	8:30	8:30	8:30
	9:00	9:00	9:00
	9:30	9:30	9:30
TIME FOCUS KEY	10:00	10:00	10:00
1 = Your Perfect Morning Routing	10:30	10:30	10:30

TIME FOCUS KEY	TIME FOCUS:	1	2	3	4	5	1	2	3	4	5	1	2	3	4	5
2 = Prospecting																
3 = Presenting	✔ when completed:															
4 = Following up																
5 = Getting People Started																

THURSDAY	FRIDAY	SATURDAY	SUNDAY
TASKS	TASKS	TASKS	TASKS
1	1	1	1
2	2	2	2
3	3	3	3
4	4	4	4
5	5	5	5
6	6	6	6
7	7	7	7
8	8	8	8
5:00	5:00	5:00	5:00
5:30	5:30	5:30	5:30
6:00	6:00	6:00	6:00
6:30	6:30	6:30	6:30
7:00	7:00	7:00	7:00
7:30	7:30	7:30	7:30
8:00	8:00	8:00	8:00
8:30	8:30	8:30	8:30
9:00	9:00	9:00	9:00
9:30	9:30	9:30	9:30
10:00	10:00	10:00	10:00
10:30	10:30	10:30	10:30
11:00	11:00	11:00	11:00
11:30	11:30	11:30	11:30
12:00p	12:00p	12:00p	12:00p
12:30	12:30	12:30	12:30
1:00	1:00	1:00	1:00
1:30	1:30	1:30	1:30
2:00	2:00	2:00	2:00
2:30	2:30	2:30	2:30
3:00	3:00	3:00	3:00
3:30	3:30	3:30	3:30
4:00	4:00	4:00	4:00
4:30	4:30	4:30	4:30
5:00	5:00	5:00	5:00
5:30	5:30	5:30	5:30
6:00	6:00	6:00	6:00
6:30	6:30	6:30	6:30
7:00	7:00	7:00	7:00
7:30	7:30	7:30	7:30
8:00	8:00	8:00	8:00
8:30	8:30	8:30	8:30
9:00	9:00	9:00	9:00
9:30	9:30	9:30	9:30
10:00	10:00	10:00	10:00
10:30	10:30	10:30	10:30

0	1	2	3	4	0	1	2	3	4	0	1	2	3	4	0	1	2	3	4

WEEK FROM	/	TO	/	MONDAY		TUESDAY		WEDNESDAY	
THIS WEEK'S PRIORITIES				TASKS		TASKS		TASKS	

THIS WEEK'S PRIORITIES	MONDAY TASKS	TUESDAY TASKS	WEDNESDAY TASKS
1	1	1	1
2	2	2	2
3	3	3	3
4	4	4	4
5	5	5	5
6	6	6	6
7	7	7	7
8	8	8	8
NEW CONTACTS	5:00	5:00	5:00
	5:30	5:30	5:30
	6:00	6:00	6:00
	6:30	6:30	6:30
	7:00	7:00	7:00
	7:30	7:30	7:30
	8:00	8:00	8:00
	8:30	8:30	8:30
	9:00	9:00	9:00
	9:30	9:30	9:30
	10:00	10:00	10:00
FOLLOW UP	10:30	10:30	10:30
	11:00	11:00	11:00
	11:30	11:30	11:30
	12:00p	12:00p	12:00p
	12:30	12:30	12:30
	1:00	1:00	1:00
	1:30	1:30	1:30
NEWLY ENROLLED	2:00	2:00	2:00
	2:30	2:30	2:30
	3:00	3:00	3:00
	3:30	3:30	3:30
	4:00	4:00	4:00
HELP TO TEAM LEADER	4:30	4:30	4:30
	5:00	5:00	5:00
	5:30	5:30	5:30
	6:00	6:00	6:00
BOOKS	6:30	6:30	6:30
	7:00	7:00	7:00
	7:30	7:30	7:30
SKILLS I'M WORKING ON	8:00	8:00	8:00
	8:30	8:30	8:30
	9:00	9:00	9:00
	9:30	9:30	9:30
TIME FOCUS KEY	10:00	10:00	10:00
1 = Your Perfect Morning Routine	10:30	10:30	10:30

TIME FOCUS KEY	TIME FOCUS:	1	2	3	4	5	1	2	3	4	5	1	2	3	4	5
1 = Your Perfect Morning Routine																
2 = Prospecting	✔ when completed:															
3 = Presenting																
4 = Following up																
5 = Getting People Started																

THURSDAY	FRIDAY	SATURDAY	SUNDAY
TASKS	**TASKS**	**TASKS**	**TASKS**
1	1	1	1
2	2	2	2
3	3	3	3
4	4	4	4
5	5	5	5
6	6	6	6
7	7	7	7
8	8	8	8
5:00	5:00	5:00	5:00
5:30	5:30	5:30	5:30
6:00	6:00	6:00	6:00
6:30	6:30	6:30	6:30
7:00	7:00	7:00	7:00
7:30	7:30	7:30	7:30
8:00	8:00	8:00	8:00
8:30	8:30	8:30	8:30
9:00	9:00	9:00	9:00
9:30	9:30	9:30	9:30
10:00	10:00	10:00	10:00
10:30	10:30	10:30	10:30
11:00	11:00	11:00	11:00
11:30	11:30	11:30	11:30
12:00p	12:00p	12:00p	12:00p
12:30	12:30	12:30	12:30
1:00	1:00	1:00	1:00
1:30	1:30	1:30	1:30
2:00	2:00	2:00	2:00
2:30	2:30	2:30	2:30
3:00	3:00	3:00	3:00
3:30	3:30	3:30	3:30
4:00	4:00	4:00	4:00
4:30	4:30	4:30	4:30
5:00	5:00	5:00	5:00
5:30	5:30	5:30	5:30
6:00	6:00	6:00	6:00
6:30	6:30	6:30	6:30
7:00	7:00	7:00	7:00
7:30	7:30	7:30	7:30
8:00	8:00	8:00	8:00
8:30	8:30	8:30	8:30
9:00	9:00	9:00	9:00
9:30	9:30	9:30	9:30
10:00	10:00	10:00	10:00
10:30	10:30	10:30	10:30

0	1	2	3	4	0	1	2	3	4	0	1	2	3	4	0	1	2	3	4

WEEK FROM	/ TO /	MONDAY		TUESDAY		WEDNESDAY	
THIS WEEK'S PRIORITIES		**TASKS**		**TASKS**		**TASKS**	
1		1		1		1	
2		2		2		2	
3		3		3		3	
4		4		4		4	
5		5		5		5	
6		6		6		6	
7		7		7		7	
8		8		8		8	
NEW CONTACTS		5:00		5:00		5:00	
		5:30		5:30		5:30	
		6:00		6:00		6:00	
		6:30		6:30		6:30	
		7:00		7:00		7:00	
		7:30		7:30		7:30	
		8:00		8:00		8:00	
		8:30		8:30		8:30	
		9:00		9:00		9:00	
		9:30		9:30		9:30	
		10:00		10:00		10:00	
FOLLOW UP		10:30		10:30		10:30	
		11:00		11:00		11:00	
		11:30		11:30		11:30	
		12:00p		12:00p		12:00p	
		12:30		12:30		12:30	
		1:00		1:00		1:00	
		1:30		1:30		1:30	
NEWLY ENROLLED		2:00		2:00		2:00	
		2:30		2:30		2:30	
		3:00		3:00		3:00	
		3:30		3:30		3:30	
		4:00		4:00		4:00	
HELP TO TEAM LEADER		4:30		4:30		4:30	
		5:00		5:00		5:00	
		5:30		5:30		5:30	
		6:00		6:00		6:00	
BOOKS		6:30		6:30		6:30	
		7:00		7:00		7:00	
		7:30		7:30		7:30	
SKILLS I'M WORKING ON		8:00		8:00		8:00	
		8:30		8:30		8:30	
		9:00		9:00		9:00	
		9:30		9:30		9:30	
TIME FOCUS KEY		10:00		10:00		10:00	
1 = Your Perfect Morning Routine		10:30		10:30		10:30	

		TIME FOCUS:	1	2	3	4	5	1	2	3	4	5	1	2	3	4	5
2 = Prospecting		**✔ when completed:**																
3 = Presenting																		
4 = Following up																		
5 = Getting People Started																		

THURSDAY	FRIDAY	SATURDAY	SUNDAY
TASKS	**TASKS**	**TASKS**	**TASKS**
1	1	1	1
2	2	2	2
3	3	3	3
4	4	4	4
5	5	5	5
6	6	6	6
7	7	7	7
8	8	8	8
5:00	5:00	5:00	5:00
5:30	5:30	5:30	5:30
6:00	6:00	6:00	6:00
6:30	6:30	6:30	6:30
7:00	7:00	7:00	7:00
7:30	7:30	7:30	7:30
8:00	8:00	8:00	8:00
8:30	8:30	8:30	8:30
9:00	9:00	9:00	9:00
9:30	9:30	9:30	9:30
10:00	10:00	10:00	10:00
10:30	10:30	10:30	10:30
11:00	11:00	11:00	11:00
11:30	11:30	11:30	11:30
12:00p	12:00p	12:00p	12:00p
12:30	12:30	12:30	12:30
1:00	1:00	1:00	1:00
1:30	1:30	1:30	1:30
2:00	2:00	2:00	2:00
2:30	2:30	2:30	2:30
3:00	3:00	3:00	3:00
3:30	3:30	3:30	3:30
4:00	4:00	4:00	4:00
4:30	4:30	4:30	4:30
5:00	5:00	5:00	5:00
5:30	5:30	5:30	5:30
6:00	6:00	6:00	6:00
6:30	6:30	6:30	6:30
7:00	7:00	7:00	7:00
7:30	7:30	7:30	7:30
8:00	8:00	8:00	8:00
8:30	8:30	8:30	8:30
9:00	9:00	9:00	9:00
9:30	9:30	9:30	9:30
10:00	10:00	10:00	10:00
10:30	10:30	10:30	10:30

0	1	2	3	4	0	1	2	3	4	0	1	2	3	4	0	1	2	3	4

WEEK FROM / TO /	MONDAY	TUESDAY	WEDNESDAY
THIS WEEK'S PRIORITIES	**TASKS**	**TASKS**	**TASKS**
1	1	1	1
2	2	2	2
3	3	3	3
4	4	4	4
5	5	5	5
6	6	6	6
7	7	7	7
8	8	8	8
NEW CONTACTS	5:00	5:00	5:00
	5:30	5:30	5:30
	6:00	6:00	6:00
	6:30	6:30	6:30
	7:00	7:00	7:00
	7:30	7:30	7:30
	8:00	8:00	8:00
	8:30	8:30	8:30
	9:00	9:00	9:00
	9:30	9:30	9:30
	10:00	10:00	10:00
FOLLOW UP	10:30	10:30	10:30
	11:00	11:00	11:00
	11:30	11:30	11:30
	12:00p	12:00p	12:00p
	12:30	12:30	12:30
	1:00	1:00	1:00
	1:30	1:30	1:30
NEWLY ENROLLED	2:00	2:00	2:00
	2:30	2:30	2:30
	3:00	3:00	3:00
	3:30	3:30	3:30
	4:00	4:00	4:00
HELP TO TEAM LEADER	4:30	4:30	4:30
	5:00	5:00	5:00
	5:30	5:30	5:30
	6:00	6:00	6:00
BOOKS	6:30	6:30	6:30
	7:00	7:00	7:00
	7:30	7:30	7:30
SKILLS I'M WORKING ON	8:00	8:00	8:00
	8:30	8:30	8:30
	9:00	9:00	9:00
	9:30	9:30	9:30
TIME FOCUS KEY	10:00	10:00	10:00
1 = Your Perfect Morning Routing	10:30	10:30	10:30

TIME FOCUS KEY	TIME FOCUS:	1	2	3	4	5	1	2	3	4	5	1	2	3	4	5
2 = Prospecting																
3 = Presenting	✔ when completed:															
4 = Following up																
5 = Getting People Started																

THURSDAY	FRIDAY	SATURDAY	SUNDAY
TASKS	**TASKS**	**TASKS**	**TASKS**
1	1	1	1
2	2	2	2
3	3	3	3
4	4	4	4
5	5	5	5
6	6	6	6
7	7	7	7
8	8	8	8
5:00	5:00	5:00	5:00
5:30	5:30	5:30	5:30
6:00	6:00	6:00	6:00
6:30	6:30	6:30	6:30
7:00	7:00	7:00	7:00
7:30	7:30	7:30	7:30
8:00	8:00	8:00	8:00
8:30	8:30	8:30	8:30
9:00	9:00	9:00	9:00
9:30	9:30	9:30	9:30
10:00	10:00	10:00	10:00
10:30	10:30	10:30	10:30
11:00	11:00	11:00	11:00
11:30	11:30	11:30	11:30
12:00p	12:00p	12:00p	12:00p
12:30	12:30	12:30	12:30
1:00	1:00	1:00	1:00
1:30	1:30	1:30	1:30
2:00	2:00	2:00	2:00
2:30	2:30	2:30	2:30
3:00	3:00	3:00	3:00
3:30	3:30	3:30	3:30
4:00	4:00	4:00	4:00
4:30	4:30	4:30	4:30
5:00	5:00	5:00	5:00
5:30	5:30	5:30	5:30
6:00	6:00	6:00	6:00
6:30	6:30	6:30	6:30
7:00	7:00	7:00	7:00
7:30	7:30	7:30	7:30
8:00	8:00	8:00	8:00
8:30	8:30	8:30	8:30
9:00	9:00	9:00	9:00
9:30	9:30	9:30	9:30
10:00	10:00	10:00	10:00
10:30	10:30	10:30	10:30

0	1	2	3	4	0	1	2	3	4	0	1	2	3	4	0	1	2	3	4

WEEK FROM / TO /	MONDAY	TUESDAY	WEDNESDAY
THIS WEEK'S PRIORITIES	**TASKS**	**TASKS**	**TASKS**
1	1	1	1
2	2	2	2
3	3	3	3
4	4	4	4
5	5	5	5
6	6	6	6
7	7	7	7
8	8	8	8
NEW CONTACTS	5:00	5:00	5:00
	5:30	5:30	5:30
	6:00	6:00	6:00
	6:30	6:30	6:30
	7:00	7:00	7:00
	7:30	7:30	7:30
	8:00	8:00	8:00
	8:30	8:30	8:30
	9:00	9:00	9:00
	9:30	9:30	9:30
	10:00	10:00	10:00
FOLLOW UP	10:30	10:30	10:30
	11:00	11:00	11:00
	11:30	11:30	11:30
	12:00p	12:00p	12:00p
	12:30	12:30	12:30
	1:00	1:00	1:00
	1:30	1:30	1:30
NEWLY ENROLLED	2:00	2:00	2:00
	2:30	2:30	2:30
	3:00	3:00	3:00
	3:30	3:30	3:30
	4:00	4:00	4:00
HELP TO TEAM LEADER	4:30	4:30	4:30
	5:00	5:00	5:00
	5:30	5:30	5:30
	6:00	6:00	6:00
BOOKS	6:30	6:30	6:30
	7:00	7:00	7:00
	7:30	7:30	7:30
SKILLS I'M WORKING ON	8:00	8:00	8:00
	8:30	8:30	8:30
	9:00	9:00	9:00
	9:30	9:30	9:30
TIME FOCUS KEY	10:00	10:00	10:00
1 = Your Perfect Morning Routine	10:30	10:30	10:30

TIME FOCUS KEY	**TIME FOCUS:**	1	2	3	4	5	1	2	3	4	5	1	2	3	4	5
2 = Prospecting	✔ when completed:															
3 = Presenting																
4 = Following up																
5 = Getting People Started																

THURSDAY		FRIDAY		SATURDAY		SUNDAY	
TASKS		**TASKS**		**TASKS**		**TASKS**	
1		1		1		1	
2		2		2		2	
3		3		3		3	
4		4		4		4	
5		5		5		5	
6		6		6		6	
7		7		7		7	
8		8		8		8	
5:00		5:00		5:00		5:00	
5:30		5:30		5:30		5:30	
6:00		6:00		6:00		6:00	
6:30		6:30		6:30		6:30	
7:00		7:00		7:00		7:00	
7:30		7:30		7:30		7:30	
8:00		8:00		8:00		8:00	
8:30		8:30		8:30		8:30	
9:00		9:00		9:00		9:00	
9:30		9:30		9:30		9:30	
10:00		10:00		10:00		10:00	
10:30		10:30		10:30		10:30	
11:00		11:00		11:00		11:00	
11:30		11:30		11:30		11:30	
12:00p		12:00p		12:00p		12:00p	
12:30		12:30		12:30		12:30	
1:00		1:00		1:00		1:00	
1:30		1:30		1:30		1:30	
2:00		2:00		2:00		2:00	
2:30		2:30		2:30		2:30	
3:00		3:00		3:00		3:00	
3:30		3:30		3:30		3:30	
4:00		4:00		4:00		4:00	
4:30		4:30		4:30		4:30	
5:00		5:00		5:00		5:00	
5:30		5:30		5:30		5:30	
6:00		6:00		6:00		6:00	
6:30		6:30		6:30		6:30	
7:00		7:00		7:00		7:00	
7:30		7:30		7:30		7:30	
8:00		8:00		8:00		8:00	
8:30		8:30		8:30		8:30	
9:00		9:00		9:00		9:00	
9:30		9:30		9:30		9:30	
10:00		10:00		10:00		10:00	
10:30		10:30		10:30		10:30	

0	1	2	3	4	0	1	2	3	4	0	1	2	3	4	0	1	2	3	4

WEEK FROM	/ TO /	MONDAY		TUESDAY		WEDNESDAY	
THIS WEEK'S PRIORITIES		**TASKS**		**TASKS**		**TASKS**	

THIS WEEK'S PRIORITIES	MONDAY TASKS	TUESDAY TASKS	WEDNESDAY TASKS
1	1	1	1
2	2	2	2
3	3	3	3
4	4	4	4
5	5	5	5
6	6	6	6
7	7	7	7
8	8	8	8
NEW CONTACTS	5:00	5:00	5:00
	5:30	5:30	5:30
	6:00	6:00	6:00
	6:30	6:30	6:30
	7:00	7:00	7:00
	7:30	7:30	7:30
	8:00	8:00	8:00
	8:30	8:30	8:30
	9:00	9:00	9:00
	9:30	9:30	9:30
	10:00	10:00	10:00
FOLLOW UP	10:30	10:30	10:30
	11:00	11:00	11:00
	11:30	11:30	11:30
	12:00p	12:00p	12:00p
	12:30	12:30	12:30
	1:00	1:00	1:00
	1:30	1:30	1:30
NEWLY ENROLLED	2:00	2:00	2:00
	2:30	2:30	2:30
	3:00	3:00	3:00
	3:30	3:30	3:30
	4:00	4:00	4:00
HELP TO TEAM LEADER	4:30	4:30	4:30
	5:00	5:00	5:00
	5:30	5:30	5:30
	6:00	6:00	6:00
BOOKS	6:30	6:30	6:30
	7:00	7:00	7:00
	7:30	7:30	7:30
SKILLS I'M WORKING ON	8:00	8:00	8:00
	8:30	8:30	8:30
	9:00	9:00	9:00
	9:30	9:30	9:30
TIME FOCUS KEY	10:00	10:00	10:00
1 = Your Perfect Morning Routing	10:30	10:30	10:30

TIME FOCUS KEY
1 = Your Perfect Morning Routing
2 = Prospecting
3 = Presenting
4 = Following up
5 = Getting People Started

TIME FOCUS:	1	2	3	4	5	1	2	3	4	5	1	2	3	4	5
✔ when completed:															

THURSDAY	FRIDAY	SATURDAY	SUNDAY
TASKS	**TASKS**	**TASKS**	**TASKS**
1	1	1	1
2	2	2	2
3	3	3	3
4	4	4	4
5	5	5	5
6	6	6	6
7	7	7	7
8	8	8	8
5:00	5:00	5:00	5:00
5:30	5:30	5:30	5:30
6:00	6:00	6:00	6:00
6:30	6:30	6:30	6:30
7:00	7:00	7:00	7:00
7:30	7:30	7:30	7:30
8:00	8:00	8:00	8:00
8:30	8:30	8:30	8:30
9:00	9:00	9:00	9:00
9:30	9:30	9:30	9:30
10:00	10:00	10:00	10:00
10:30	10:30	10:30	10:30
11:00	11:00	11:00	11:00
11:30	11:30	11:30	11:30
12:00p	12:00p	12:00p	12:00p
12:30	12:30	12:30	12:30
1:00	1:00	1:00	1:00
1:30	1:30	1:30	1:30
2:00	2:00	2:00	2:00
2:30	2:30	2:30	2:30
3:00	3:00	3:00	3:00
3:30	3:30	3:30	3:30
4:00	4:00	4:00	4:00
4:30	4:30	4:30	4:30
5:00	5:00	5:00	5:00
5:30	5:30	5:30	5:30
6:00	6:00	6:00	6:00
6:30	6:30	6:30	6:30
7:00	7:00	7:00	7:00
7:30	7:30	7:30	7:30
8:00	8:00	8:00	8:00
8:30	8:30	8:30	8:30
9:00	9:00	9:00	9:00
9:30	9:30	9:30	9:30
10:00	10:00	10:00	10:00
10:30	10:30	10:30	10:30

0	1	2	3	4	0	1	2	3	4	0	1	2	3	4	0	1	2	3	4

WEEK FROM / TO /	MONDAY	TUESDAY	WEDNESDAY
THIS WEEK'S PRIORITIES	**TASKS**	**TASKS**	**TASKS**
1	1	1	1
2	2	2	2
3	3	3	3
4	4	4	4
5	5	5	5
6	6	6	6
7	7	7	7
8	8	8	8
NEW CONTACTS	5:00	5:00	5:00
	5:30	5:30	5:30
	6:00	6:00	6:00
	6:30	6:30	6:30
	7:00	7:00	7:00
	7:30	7:30	7:30
	8:00	8:00	8:00
	8:30	8:30	8:30
	9:00	9:00	9:00
	9:30	9:30	9:30
	10:00	10:00	10:00
FOLLOW UP	10:30	10:30	10:30
	11:00	11:00	11:00
	11:30	11:30	11:30
	12:00p	12:00p	12:00p
	12:30	12:30	12:30
	1:00	1:00	1:00
	1:30	1:30	1:30
NEWLY ENROLLED	2:00	2:00	2:00
	2:30	2:30	2:30
	3:00	3:00	3:00
	3:30	3:30	3:30
	4:00	4:00	4:00
HELP TO TEAM LEADER	4:30	4:30	4:30
	5:00	5:00	5:00
	5:30	5:30	5:30
	6:00	6:00	6:00
BOOKS	6:30	6:30	6:30
	7:00	7:00	7:00
	7:30	7:30	7:30
SKILLS I'M WORKING ON	8:00	8:00	8:00
	8:30	8:30	8:30
	9:00	9:00	9:00
	9:30	9:30	9:30
TIME FOCUS KEY	10:00	10:00	10:00
1 = Your Perfect Morning Routing	10:30	10:30	10:30

TIME FOCUS KEY	TIME FOCUS:	1	2	3	4	5	1	2	3	4	5	1	2	3	4	5
2 = Prospecting	✔ when completed:															
3 = Presenting																
4 = Following up																
5 = Getting People Started																

THURSDAY		FRIDAY		SATURDAY		SUNDAY	
TASKS		**TASKS**		**TASKS**		**TASKS**	
1		1		1		1	
2		2		2		2	
3		3		3		3	
4		4		4		4	
5		5		5		5	
6		6		6		6	
7		7		7		7	
8		8		8		8	
5:00		5:00		5:00		5:00	
5:30		5:30		5:30		5:30	
6:00		6:00		6:00		6:00	
6:30		6:30		6:30		6:30	
7:00		7:00		7:00		7:00	
7:30		7:30		7:30		7:30	
8:00		8:00		8:00		8:00	
8:30		8:30		8:30		8:30	
9:00		9:00		9:00		9:00	
9:30		9:30		9:30		9:30	
10:00		10:00		10:00		10:00	
10:30		10:30		10:30		10:30	
11:00		11:00		11:00		11:00	
11:30		11:30		11:30		11:30	
12:00p		12:00p		12:00p		12:00p	
12:30		12:30		12:30		12:30	
1:00		1:00		1:00		1:00	
1:30		1:30		1:30		1:30	
2:00		2:00		2:00		2:00	
2:30		2:30		2:30		2:30	
3:00		3:00		3:00		3:00	
3:30		3:30		3:30		3:30	
4:00		4:00		4:00		4:00	
4:30		4:30		4:30		4:30	
5:00		5:00		5:00		5:00	
5:30		5:30		5:30		5:30	
6:00		6:00		6:00		6:00	
6:30		6:30		6:30		6:30	
7:00		7:00		7:00		7:00	
7:30		7:30		7:30		7:30	
8:00		8:00		8:00		8:00	
8:30		8:30		8:30		8:30	
9:00		9:00		9:00		9:00	
9:30		9:30		9:30		9:30	
10:00		10:00		10:00		10:00	
10:30		10:30		10:30		10:30	

0	1	2	3	4	0	1	2	3	4	0	1	2	3	4	0	1	2	3	4

WEEK FROM / TO /	MONDAY		TUESDAY		WEDNESDAY	
THIS WEEK'S PRIORITIES	**TASKS**		**TASKS**		**TASKS**	
1	1		1		1	
2	2		2		2	
3	3		3		3	
4	4		4		4	
5	5		5		5	
6	6		6		6	
7	7		7		7	
8	8		8		8	
NEW CONTACTS	5:00		5:00		5:00	
	5:30		5:30		5:30	
	6:00		6:00		6:00	
	6:30		6:30		6:30	
	7:00		7:00		7:00	
	7:30		7:30		7:30	
	8:00		8:00		8:00	
	8:30		8:30		8:30	
	9:00		9:00		9:00	
	9:30		9:30		9:30	
	10:00		10:00		10:00	
FOLLOW UP	10:30		10:30		10:30	
	11:00		11:00		11:00	
	11:30		11:30		11:30	
	12:00p		12:00p		12:00p	
	12:30		12:30		12:30	
	1:00		1:00		1:00	
	1:30		1:30		1:30	
NEWLY ENROLLED	2:00		2:00		2:00	
	2:30		2:30		2:30	
	3:00		3:00		3:00	
	3:30		3:30		3:30	
	4:00		4:00		4:00	
HELP TO TEAM LEADER	4:30		4:30		4:30	
	5:00		5:00		5:00	
	5:30		5:30		5:30	
	6:00		6:00		6:00	
BOOKS	6:30		6:30		6:30	
	7:00		7:00		7:00	
	7:30		7:30		7:30	
SKILLS I'M WORKING ON	8:00		8:00		8:00	
	8:30		8:30		8:30	
	9:00		9:00		9:00	
	9:30		9:30		9:30	
TIME FOCUS KEY	10:00		10:00		10:00	
1 = Your Perfect Morning Routing	10:30		10:30		10:30	

	TIME FOCUS:	1	2	3	4	5	1	2	3	4	5	1	2	3	4	5
2 = Prospecting																
3 = Presenting	✔ when completed:															
4 = Following up																
5 = Getting People Started																

THURSDAY	FRIDAY	SATURDAY	SUNDAY
TASKS	**TASKS**	**TASKS**	**TASKS**
1	1	1	1
2	2	2	2
3	3	3	3
4	4	4	4
5	5	5	5
6	6	6	6
7	7	7	7
8	8	8	8
5:00	5:00	5:00	5:00
5:30	5:30	5:30	5:30
6:00	6:00	6:00	6:00
6:30	6:30	6:30	6:30
7:00	7:00	7:00	7:00
7:30	7:30	7:30	7:30
8:00	8:00	8:00	8:00
8:30	8:30	8:30	8:30
9:00	9:00	9:00	9:00
9:30	9:30	9:30	9:30
10:00	10:00	10:00	10:00
10:30	10:30	10:30	10:30
11:00	11:00	11:00	11:00
11:30	11:30	11:30	11:30
12:00p	12:00p	12:00p	12:00p
12:30	12:30	12:30	12:30
1:00	1:00	1:00	1:00
1:30	1:30	1:30	1:30
2:00	2:00	2:00	2:00
2:30	2:30	2:30	2:30
3:00	3:00	3:00	3:00
3:30	3:30	3:30	3:30
4:00	4:00	4:00	4:00
4:30	4:30	4:30	4:30
5:00	5:00	5:00	5:00
5:30	5:30	5:30	5:30
6:00	6:00	6:00	6:00
6:30	6:30	6:30	6:30
7:00	7:00	7:00	7:00
7:30	7:30	7:30	7:30
8:00	8:00	8:00	8:00
8:30	8:30	8:30	8:30
9:00	9:00	9:00	9:00
9:30	9:30	9:30	9:30
10:00	10:00	10:00	10:00
10:30	10:30	10:30	10:30

0	1	2	3	4	0	1	2	3	4	0	1	2	3	4	0	1	2	3	4

WEEK FROM	/ TO /	MONDAY		TUESDAY		WEDNESDAY	
THIS WEEK'S PRIORITIES		**TASKS**		**TASKS**		**TASKS**	
1		1		1		1	
2		2		2		2	
3		3		3		3	
4		4		4		4	
5		5		5		5	
6		6		6		6	
7		7		7		7	
8		8		8		8	
NEW CONTACTS		5:00		5:00		5:00	
		5:30		5:30		5:30	
		6:00		6:00		6:00	
		6:30		6:30		6:30	
		7:00		7:00		7:00	
		7:30		7:30		7:30	
		8:00		8:00		8:00	
		8:30		8:30		8:30	
		9:00		9:00		9:00	
		9:30		9:30		9:30	
		10:00		10:00		10:00	
FOLLOW UP		10:30		10:30		10:30	
		11:00		11:00		11:00	
		11:30		11:30		11:30	
		12:00p		12:00p		12:00p	
		12:30		12:30		12:30	
		1:00		1:00		1:00	
		1:30		1:30		1:30	
NEWLY ENROLLED		2:00		2:00		2:00	
		2:30		2:30		2:30	
		3:00		3:00		3:00	
		3:30		3:30		3:30	
		4:00		4:00		4:00	
HELP TO TEAM LEADER		4:30		4:30		4:30	
		5:00		5:00		5:00	
		5:30		5:30		5:30	
		6:00		6:00		6:00	
BOOKS		6:30		6:30		6:30	
		7:00		7:00		7:00	
		7:30		7:30		7:30	
SKILLS I'M WORKING ON		8:00		8:00		8:00	
		8:30		8:30		8:30	
		9:00		9:00		9:00	
		9:30		9:30		9:30	
TIME FOCUS KEY		10:00		10:00		10:00	
1 = Your Perfect Morning Routing		10:30		10:30		10:30	

TIME FOCUS KEY	TIME FOCUS:	1	2	3	4	5	1	2	3	4	5	1	2	3	4	5
1 = Your Perfect Morning Routing																
2 = Prospecting	✔ when completed:															
3 = Presenting																
4 = Following up																
5 = Getting People Started																

THURSDAY	FRIDAY	SATURDAY	SUNDAY
TASKS	**TASKS**	**TASKS**	**TASKS**
1	1	1	1
2	2	2	2
3	3	3	3
4	4	4	4
5	5	5	5
6	6	6	6
7	7	7	7
8	8	8	8
5:00	5:00	5:00	5:00
5:30	5:30	5:30	5:30
6:00	6:00	6:00	6:00
6:30	6:30	6:30	6:30
7:00	7:00	7:00	7:00
7:30	7:30	7:30	7:30
8:00	8:00	8:00	8:00
8:30	8:30	8:30	8:30
9:00	9:00	9:00	9:00
9:30	9:30	9:30	9:30
10:00	10:00	10:00	10:00
10:30	10:30	10:30	10:30
11:00	11:00	11:00	11:00
11:30	11:30	11:30	11:30
12:00p	12:00p	12:00p	12:00p
12:30	12:30	12:30	12:30
1:00	1:00	1:00	1:00
1:30	1:30	1:30	1:30
2:00	2:00	2:00	2:00
2:30	2:30	2:30	2:30
3:00	3:00	3:00	3:00
3:30	3:30	3:30	3:30
4:00	4:00	4:00	4:00
4:30	4:30	4:30	4:30
5:00	5:00	5:00	5:00
5:30	5:30	5:30	5:30
6:00	6:00	6:00	6:00
6:30	6:30	6:30	6:30
7:00	7:00	7:00	7:00
7:30	7:30	7:30	7:30
8:00	8:00	8:00	8:00
8:30	8:30	8:30	8:30
9:00	9:00	9:00	9:00
9:30	9:30	9:30	9:30
10:00	10:00	10:00	10:00
10:30	10:30	10:30	10:30

0	1	2	3	4	0	1	2	3	4	0	1	2	3	4	0	1	2	3	4

WEEK FROM / TO /	MONDAY	TUESDAY	WEDNESDAY
THIS WEEK'S PRIORITIES	**TASKS**	**TASKS**	**TASKS**
1	1	1	1
2	2	2	2
3	3	3	3
4	4	4	4
5	5	5	5
6	6	6	6
7	7	7	7
8	8	8	8
NEW CONTACTS	5:00	5:00	5:00
	5:30	5:30	5:30
	6:00	6:00	6:00
	6:30	6:30	6:30
	7:00	7:00	7:00
	7:30	7:30	7:30
	8:00	8:00	8:00
	8:30	8:30	8:30
	9:00	9:00	9:00
	9:30	9:30	9:30
	10:00	10:00	10:00
FOLLOW UP	10:30	10:30	10:30
	11:00	11:00	11:00
	11:30	11:30	11:30
	12:00p	12:00p	12:00p
	12:30	12:30	12:30
	1:00	1:00	1:00
	1:30	1:30	1:30
NEWLY ENROLLED	2:00	2:00	2:00
	2:30	2:30	2:30
	3:00	3:00	3:00
	3:30	3:30	3:30
	4:00	4:00	4:00
HELP TO TEAM LEADER	4:30	4:30	4:30
	5:00	5:00	5:00
	5:30	5:30	5:30
	6:00	6:00	6:00
BOOKS	6:30	6:30	6:30
	7:00	7:00	7:00
	7:30	7:30	7:30
SKILLS I'M WORKING ON	8:00	8:00	8:00
	8:30	8:30	8:30
	9:00	9:00	9:00
	9:30	9:30	9:30
TIME FOCUS KEY	10:00	10:00	10:00
1 = Your Perfect Morning Routing	10:30	10:30	10:30
2 = Prospecting	**TIME FOCUS:**	1 2 3 4 5	1 2 3 4 5	1 2 3 4 5
3 = Presenting	✔ when completed:			
4 = Following up				
5 = Getting People Started				

THURSDAY	FRIDAY	SATURDAY	SUNDAY
TASKS	TASKS	TASKS	TASKS
1	1	1	1
2	2	2	2
3	3	3	3
4	4	4	4
5	5	5	5
6	6	6	6
7	7	7	7
8	8	8	8
5:00	5:00	5:00	5:00
5:30	5:30	5:30	5:30
6:00	6:00	6:00	6:00
6:30	6:30	6:30	6:30
7:00	7:00	7:00	7:00
7:30	7:30	7:30	7:30
8:00	8:00	8:00	8:00
8:30	8:30	8:30	8:30
9:00	9:00	9:00	9:00
9:30	9:30	9:30	9:30
10:00	10:00	10:00	10:00
10:30	10:30	10:30	10:30
11:00	11:00	11:00	11:00
11:30	11:30	11:30	11:30
12:00p	12:00p	12:00p	12:00p
12:30	12:30	12:30	12:30
1:00	1:00	1:00	1:00
1:30	1:30	1:30	1:30
2:00	2:00	2:00	2:00
2:30	2:30	2:30	2:30
3:00	3:00	3:00	3:00
3:30	3:30	3:30	3:30
4:00	4:00	4:00	4:00
4:30	4:30	4:30	4:30
5:00	5:00	5:00	5:00
5:30	5:30	5:30	5:30
6:00	6:00	6:00	6:00
6:30	6:30	6:30	6:30
7:00	7:00	7:00	7:00
7:30	7:30	7:30	7:30
8:00	8:00	8:00	8:00
8:30	8:30	8:30	8:30
9:00	9:00	9:00	9:00
9:30	9:30	9:30	9:30
10:00	10:00	10:00	10:00
10:30	10:30	10:30	10:30

0	1	2	3	4	0	1	2	3	4	0	1	2	3	4	0	1	2	3	4

WEEK FROM	/ TO /	MONDAY		TUESDAY		WEDNESDAY	
THIS WEEK'S PRIORITIES		**TASKS**		**TASKS**		**TASKS**	
1		1		1		1	
2		2		2		2	
3		3		3		3	
4		4		4		4	
5		5		5		5	
6		6		6		6	
7		7		7		7	
8		8		8		8	
NEW CONTACTS		5:00		5:00		5:00	
		5:30		5:30		5:30	
		6:00		6:00		6:00	
		6:30		6:30		6:30	
		7:00		7:00		7:00	
		7:30		7:30		7:30	
		8:00		8:00		8:00	
		8:30		8:30		8:30	
		9:00		9:00		9:00	
		9:30		9:30		9:30	
		10:00		10:00		10:00	
FOLLOW UP		10:30		10:30		10:30	
		11:00		11:00		11:00	
		11:30		11:30		11:30	
		12:00p		12:00p		12:00p	
		12:30		12:30		12:30	
		1:00		1:00		1:00	
		1:30		1:30		1:30	
NEWLY ENROLLED		2:00		2:00		2:00	
		2:30		2:30		2:30	
		3:00		3:00		3:00	
		3:30		3:30		3:30	
		4:00		4:00		4:00	
HELP TO TEAM LEADER		4:30		4:30		4:30	
		5:00		5:00		5:00	
		5:30		5:30		5:30	
		6:00		6:00		6:00	
BOOKS		6:30		6:30		6:30	
		7:00		7:00		7:00	
		7:30		7:30		7:30	
SKILLS I'M WORKING ON		8:00		8:00		8:00	
		8:30		8:30		8:30	
		9:00		9:00		9:00	
		9:30		9:30		9:30	
TIME FOCUS KEY		10:00		10:00		10:00	
1 = Your Perfect Morning Routine		10:30		10:30		10:30	

TIME FOCUS KEY		TIME FOCUS:	1	2	3	4	5	1	2	3	4	5	1	2	3	4	5
2 = Prospecting		✔ when completed:															
3 = Presenting																	
4 = Following up																	
5 = Getting People Started																	

THURSDAY		FRIDAY		SATURDAY		SUNDAY	
TASKS		TASKS		TASKS		TASKS	
1		1		1		1	
2		2		2		2	
3		3		3		3	
4		4		4		4	
5		5		5		5	
6		6		6		6	
7		7		7		7	
8		8		8		8	
5:00		5:00		5:00		5:00	
5:30		5:30		5:30		5:30	
6:00		6:00		6:00		6:00	
6:30		6:30		6:30		6:30	
7:00		7:00		7:00		7:00	
7:30		7:30		7:30		7:30	
8:00		8:00		8:00		8:00	
8:30		8:30		8:30		8:30	
9:00		9:00		9:00		9:00	
9:30		9:30		9:30		9:30	
10:00		10:00		10:00		10:00	
10:30		10:30		10:30		10:30	
11:00		11:00		11:00		11:00	
11:30		11:30		11:30		11:30	
12:00p		12:00p		12:00p		12:00p	
12:30		12:30		12:30		12:30	
1:00		1:00		1:00		1:00	
1:30		1:30		1:30		1:30	
2:00		2:00		2:00		2:00	
2:30		2:30		2:30		2:30	
3:00		3:00		3:00		3:00	
3:30		3:30		3:30		3:30	
4:00		4:00		4:00		4:00	
4:30		4:30		4:30		4:30	
5:00		5:00		5:00		5:00	
5:30		5:30		5:30		5:30	
6:00		6:00		6:00		6:00	
6:30		6:30		6:30		6:30	
7:00		7:00		7:00		7:00	
7:30		7:30		7:30		7:30	
8:00		8:00		8:00		8:00	
8:30		8:30		8:30		8:30	
9:00		9:00		9:00		9:00	
9:30		9:30		9:30		9:30	
10:00		10:00		10:00		10:00	
10:30		10:30		10:30		10:30	

0	1	2	3	4	0	1	2	3	4	0	1	2	3	4	0	1	2	3	4

WEEK FROM / TO /	MONDAY	TUESDAY	WEDNESDAY
THIS WEEK'S PRIORITIES	**TASKS**	**TASKS**	**TASKS**
1	1	1	1
2	2	2	2
3	3	3	3
4	4	4	4
5	5	5	5
6	6	6	6
7	7	7	7
8	8	8	8
NEW CONTACTS	5:00	5:00	5:00
	5:30	5:30	5:30
	6:00	6:00	6:00
	6:30	6:30	6:30
	7:00	7:00	7:00
	7:30	7:30	7:30
	8:00	8:00	8:00
	8:30	8:30	8:30
	9:00	9:00	9:00
	9:30	9:30	9:30
	10:00	10:00	10:00
FOLLOW UP	10:30	10:30	10:30
	11:00	11:00	11:00
	11:30	11:30	11:30
	12:00p	12:00p	12:00p
	12:30	12:30	12:30
	1:00	1:00	1:00
	1:30	1:30	1:30
NEWLY ENROLLED	2:00	2:00	2:00
	2:30	2:30	2:30
	3:00	3:00	3:00
	3:30	3:30	3:30
	4:00	4:00	4:00
HELP TO TEAM LEADER	4:30	4:30	4:30
	5:00	5:00	5:00
	5:30	5:30	5:30
	6:00	6:00	6:00
BOOKS	6:30	6:30	6:30
	7:00	7:00	7:00
	7:30	7:30	7:30
SKILLS I'M WORKING ON	8:00	8:00	8:00
	8:30	8:30	8:30
	9:00	9:00	9:00
	9:30	9:30	9:30
TIME FOCUS KEY	10:00	10:00	10:00
1 = Your Perfect Morning Routing	10:30	10:30	10:30

TIME FOCUS KEY	TIME FOCUS:	1	2	3	4	5	1	2	3	4	5	1	2	3	4	5
2 = Prospecting																
3 = Presenting	✔ when completed:															
4 = Following up																
5 = Getting People Started																

THURSDAY	FRIDAY	SATURDAY	SUNDAY
TASKS	**TASKS**	**TASKS**	**TASKS**
1	1	1	1
2	2	2	2
3	3	3	3
4	4	4	4
5	5	5	5
6	6	6	6
7	7	7	7
8	8	8	8
5:00	5:00	5:00	5:00
5:30	5:30	5:30	5:30
6:00	6:00	6:00	6:00
6:30	6:30	6:30	6:30
7:00	7:00	7:00	7:00
7:30	7:30	7:30	7:30
8:00	8:00	8:00	8:00
8:30	8:30	8:30	8:30
9:00	9:00	9:00	9:00
9:30	9:30	9:30	9:30
10:00	10:00	10:00	10:00
10:30	10:30	10:30	10:30
11:00	11:00	11:00	11:00
11:30	11:30	11:30	11:30
12:00p	12:00p	12:00p	12:00p
12:30	12:30	12:30	12:30
1:00	1:00	1:00	1:00
1:30	1:30	1:30	1:30
2:00	2:00	2:00	2:00
2:30	2:30	2:30	2:30
3:00	3:00	3:00	3:00
3:30	3:30	3:30	3:30
4:00	4:00	4:00	4:00
4:30	4:30	4:30	4:30
5:00	5:00	5:00	5:00
5:30	5:30	5:30	5:30
6:00	6:00	6:00	6:00
6:30	6:30	6:30	6:30
7:00	7:00	7:00	7:00
7:30	7:30	7:30	7:30
8:00	8:00	8:00	8:00
8:30	8:30	8:30	8:30
9:00	9:00	9:00	9:00
9:30	9:30	9:30	9:30
10:00	10:00	10:00	10:00
10:30	10:30	10:30	10:30

0	1	2	3	4	0	1	2	3	4	0	1	2	3	4	0	1	2	3	4

WEEK FROM / TO /	MONDAY	TUESDAY	WEDNESDAY
THIS WEEK'S PRIORITIES	TASKS	TASKS	TASKS
1	1	1	1
2	2	2	2
3	3	3	3
4	4	4	4
5	5	5	5
6	6	6	6
7	7	7	7
8	8	8	8
NEW CONTACTS	5:00	5:00	5:00
	5:30	5:30	5:30
	6:00	6:00	6:00
	6:30	6:30	6:30
	7:00	7:00	7:00
	7:30	7:30	7:30
	8:00	8:00	8:00
	8:30	8:30	8:30
	9:00	9:00	9:00
	9:30	9:30	9:30
	10:00	10:00	10:00
FOLLOW UP	10:30	10:30	10:30
	11:00	11:00	11:00
	11:30	11:30	11:30
	12:00p	12:00p	12:00p
	12:30	12:30	12:30
	1:00	1:00	1:00
	1:30	1:30	1:30
NEWLY ENROLLED	2:00	2:00	2:00
	2:30	2:30	2:30
	3:00	3:00	3:00
	3:30	3:30	3:30
	4:00	4:00	4:00
HELP TO TEAM LEADER	4:30	4:30	4:30
	5:00	5:00	5:00
	5:30	5:30	5:30
	6:00	6:00	6:00
BOOKS	6:30	6:30	6:30
	7:00	7:00	7:00
	7:30	7:30	7:30
SKILLS I'M WORKING ON	8:00	8:00	8:00
	8:30	8:30	8:30
	9:00	9:00	9:00
	9:30	9:30	9:30
TIME FOCUS KEY	10:00	10:00	10:00
1 = Your Perfect Morning Routing	10:30	10:30	10:30

2 = Prospecting	TIME FOCUS:	1	2	3	4	5	1	2	3	4	5	1	2	3	4	5
3 = Presenting	✔ when completed:															
4 = Following up																
5 = Getting People Started																

THURSDAY	FRIDAY	SATURDAY	SUNDAY
TASKS	**TASKS**	**TASKS**	**TASKS**
1	1	1	1
2	2	2	2
3	3	3	3
4	4	4	4
5	5	5	5
6	6	6	6
7	7	7	7
8	8	8	8
5:00	5:00	5:00	5:00
5:30	5:30	5:30	5:30
6:00	6:00	6:00	6:00
6:30	6:30	6:30	6:30
7:00	7:00	7:00	7:00
7:30	7:30	7:30	7:30
8:00	8:00	8:00	8:00
8:30	8:30	8:30	8:30
9:00	9:00	9:00	9:00
9:30	9:30	9:30	9:30
10:00	10:00	10:00	10:00
10:30	10:30	10:30	10:30
11:00	11:00	11:00	11:00
11:30	11:30	11:30	11:30
12:00p	12:00p	12:00p	12:00p
12:30	12:30	12:30	12:30
1:00	1:00	1:00	1:00
1:30	1:30	1:30	1:30
2:00	2:00	2:00	2:00
2:30	2:30	2:30	2:30
3:00	3:00	3:00	3:00
3:30	3:30	3:30	3:30
4:00	4:00	4:00	4:00
4:30	4:30	4:30	4:30
5:00	5:00	5:00	5:00
5:30	5:30	5:30	5:30
6:00	6:00	6:00	6:00
6:30	6:30	6:30	6:30
7:00	7:00	7:00	7:00
7:30	7:30	7:30	7:30
8:00	8:00	8:00	8:00
8:30	8:30	8:30	8:30
9:00	9:00	9:00	9:00
9:30	9:30	9:30	9:30
10:00	10:00	10:00	10:00
10:30	10:30	10:30	10:30

0	1	2	3	4	0	1	2	3	4	0	1	2	3	4	0	1	2	3	4

WEEK FROM / TO /	MONDAY	TUESDAY	WEDNESDAY
THIS WEEK'S PRIORITIES	**TASKS**	**TASKS**	**TASKS**
1	1	1	1
2	2	2	2
3	3	3	3
4	4	4	4
5	5	5	5
6	6	6	6
7	7	7	7
8	8	8	8
NEW CONTACTS	5:00	5:00	5:00
	5:30	5:30	5:30
	6:00	6:00	6:00
	6:30	6:30	6:30
	7:00	7:00	7:00
	7:30	7:30	7:30
	8:00	8:00	8:00
	8:30	8:30	8:30
	9:00	9:00	9:00
	9:30	9:30	9:30
	10:00	10:00	10:00
FOLLOW UP	10:30	10:30	10:30
	11:00	11:00	11:00
	11:30	11:30	11:30
	12:00p	12:00p	12:00p
	12:30	12:30	12:30
	1:00	1:00	1:00
	1:30	1:30	1:30
NEWLY ENROLLED	2:00	2:00	2:00
	2:30	2:30	2:30
	3:00	3:00	3:00
	3:30	3:30	3:30
	4:00	4:00	4:00
HELP TO TEAM LEADER	4:30	4:30	4:30
	5:00	5:00	5:00
	5:30	5:30	5:30
	6:00	6:00	6:00
BOOKS	6:30	6:30	6:30
	7:00	7:00	7:00
	7:30	7:30	7:30
SKILLS I'M WORKING ON	8:00	8:00	8:00
	8:30	8:30	8:30
	9:00	9:00	9:00
	9:30	9:30	9:30
TIME FOCUS KEY	10:00	10:00	10:00
1 = Your Perfect Morning Routine	10:30	10:30	10:30

2 = Prospecting	**TIME FOCUS:**	1	2	3	4	5	1	2	3	4	5	1	2	3	4	5
3 = Presenting	✔ when completed:															
4 = Following up																
5 = Getting People Started																

THURSDAY	FRIDAY	SATURDAY	SUNDAY
TASKS	**TASKS**	**TASKS**	**TASKS**
1	1	1	1
2	2	2	2
3	3	3	3
4	4	4	4
5	5	5	5
6	6	6	6
7	7	7	7
8	8	8	8
5:00	5:00	5:00	5:00
5:30	5:30	5:30	5:30
6:00	6:00	6:00	6:00
6:30	6:30	6:30	6:30
7:00	7:00	7:00	7:00
7:30	7:30	7:30	7:30
8:00	8:00	8:00	8:00
8:30	8:30	8:30	8:30
9:00	9:00	9:00	9:00
9:30	9:30	9:30	9:30
10:00	10:00	10:00	10:00
10:30	10:30	10:30	10:30
11:00	11:00	11:00	11:00
11:30	11:30	11:30	11:30
12:00p	12:00p	12:00p	12:00p
12:30	12:30	12:30	12:30
1:00	1:00	1:00	1:00
1:30	1:30	1:30	1:30
2:00	2:00	2:00	2:00
2:30	2:30	2:30	2:30
3:00	3:00	3:00	3:00
3:30	3:30	3:30	3:30
4:00	4:00	4:00	4:00
4:30	4:30	4:30	4:30
5:00	5:00	5:00	5:00
5:30	5:30	5:30	5:30
6:00	6:00	6:00	6:00
6:30	6:30	6:30	6:30
7:00	7:00	7:00	7:00
7:30	7:30	7:30	7:30
8:00	8:00	8:00	8:00
8:30	8:30	8:30	8:30
9:00	9:00	9:00	9:00
9:30	9:30	9:30	9:30
10:00	10:00	10:00	10:00
10:30	10:30	10:30	10:30

0	1	2	3	4	0	1	2	3	4	0	1	2	3	4	0	1	2	3	4

WEEK FROM	/ TO /	MONDAY		TUESDAY		WEDNESDAY	
THIS WEEK'S PRIORITIES		**TASKS**		**TASKS**		**TASKS**	
1		1		1		1	
2		2		2		2	
3		3		3		3	
4		4		4		4	
5		5		5		5	
6		6		6		6	
7		7		7		7	
8		8		8		8	
NEW CONTACTS		5:00		5:00		5:00	
		5:30		5:30		5:30	
		6:00		6:00		6:00	
		6:30		6:30		6:30	
		7:00		7:00		7:00	
		7:30		7:30		7:30	
		8:00		8:00		8:00	
		8:30		8:30		8:30	
		9:00		9:00		9:00	
		9:30		9:30		9:30	
		10:00		10:00		10:00	
FOLLOW UP		10:30		10:30		10:30	
		11:00		11:00		11:00	
		11:30		11:30		11:30	
		12:00p		12:00p		12:00p	
		12:30		12:30		12:30	
		1:00		1:00		1:00	
		1:30		1:30		1:30	
NEWLY ENROLLED		2:00		2:00		2:00	
		2:30		2:30		2:30	
		3:00		3:00		3:00	
		3:30		3:30		3:30	
		4:00		4:00		4:00	
HELP TO TEAM LEADER		4:30		4:30		4:30	
		5:00		5:00		5:00	
		5:30		5:30		5:30	
		6:00		6:00		6:00	
BOOKS		6:30		6:30		6:30	
		7:00		7:00		7:00	
		7:30		7:30		7:30	
SKILLS I'M WORKING ON		8:00		8:00		8:00	
		8:30		8:30		8:30	
		9:00		9:00		9:00	
		9:30		9:30		9:30	
TIME FOCUS KEY		10:00		10:00		10:00	
1 = Your Perfect Morning Routing		10:30		10:30		10:30	

2 = Prospecting	**TIME FOCUS:**	1	2	3	4	5	1	2	3	4	5	1	2	3	4	5
3 = Presenting	✔ when completed:															
4 = Following up																
5 = Getting People Started																

THURSDAY		FRIDAY		SATURDAY		SUNDAY	
TASKS		**TASKS**		**TASKS**		**TASKS**	

THURSDAY	FRIDAY	SATURDAY	SUNDAY
1	1	1	1
2	2	2	2
3	3	3	3
4	4	4	4
5	5	5	5
6	6	6	6
7	7	7	7
8	8	8	8
5:00	5:00	5:00	5:00
5:30	5:30	5:30	5:30
6:00	6:00	6:00	6:00
6:30	6:30	6:30	6:30
7:00	7:00	7:00	7:00
7:30	7:30	7:30	7:30
8:00	8:00	8:00	8:00
8:30	8:30	8:30	8:30
9:00	9:00	9:00	9:00
9:30	9:30	9:30	9:30
10:00	10:00	10:00	10:00
10:30	10:30	10:30	10:30
11:00	11:00	11:00	11:00
11:30	11:30	11:30	11:30
12:00p	12:00p	12:00p	12:00p
12:30	12:30	12:30	12:30
1:00	1:00	1:00	1:00
1:30	1:30	1:30	1:30
2:00	2:00	2:00	2:00
2:30	2:30	2:30	2:30
3:00	3:00	3:00	3:00
3:30	3:30	3:30	3:30
4:00	4:00	4:00	4:00
4:30	4:30	4:30	4:30
5:00	5:00	5:00	5:00
5:30	5:30	5:30	5:30
6:00	6:00	6:00	6:00
6:30	6:30	6:30	6:30
7:00	7:00	7:00	7:00
7:30	7:30	7:30	7:30
8:00	8:00	8:00	8:00
8:30	8:30	8:30	8:30
9:00	9:00	9:00	9:00
9:30	9:30	9:30	9:30
10:00	10:00	10:00	10:00
10:30	10:30	10:30	10:30

0	1	2	3	4	0	1	2	3	4	0	1	2	3	4	0	1	2	3	4

WEEK FROM / TO /	MONDAY	TUESDAY	WEDNESDAY
THIS WEEK'S PRIORITIES	TASKS	TASKS	TASKS
1	1	1	1
2	2	2	2
3	3	3	3
4	4	4	4
5	5	5	5
6	6	6	6
7	7	7	7
8	8	8	8
NEW CONTACTS	5:00	5:00	5:00
	5:30	5:30	5:30
	6:00	6:00	6:00
	6:30	6:30	6:30
	7:00	7:00	7:00
	7:30	7:30	7:30
	8:00	8:00	8:00
	8:30	8:30	8:30
	9:00	9:00	9:00
	9:30	9:30	9:30
	10:00	10:00	10:00
FOLLOW UP	10:30	10:30	10:30
	11:00	11:00	11:00
	11:30	11:30	11:30
	12:00p	12:00p	12:00p
	12:30	12:30	12:30
	1:00	1:00	1:00
	1:30	1:30	1:30
NEWLY ENROLLED	2:00	2:00	2:00
	2:30	2:30	2:30
	3:00	3:00	3:00
	3:30	3:30	3:30
	4:00	4:00	4:00
HELP TO TEAM LEADER	4:30	4:30	4:30
	5:00	5:00	5:00
	5:30	5:30	5:30
	6:00	6:00	6:00
BOOKS	6:30	6:30	6:30
	7:00	7:00	7:00
	7:30	7:30	7:30
SKILLS I'M WORKING ON	8:00	8:00	8:00
	8:30	8:30	8:30
	9:00	9:00	9:00
	9:30	9:30	9:30
TIME FOCUS KEY	10:00	10:00	10:00
1 = Your Perfect Morning Routing	10:30	10:30	10:30

	TIME FOCUS:	1	2	3	4	5	1	2	3	4	5	1	2	3	4	5
2 = Prospecting																
3 = Presenting	✔ when completed:															
4 = Following up																
5 = Getting People Started																

68

THURSDAY	FRIDAY	SATURDAY	SUNDAY
TASKS	TASKS	TASKS	TASKS
1	1	1	1
2	2	2	2
3	3	3	3
4	4	4	4
5	5	5	5
6	6	6	6
7	7	7	7
8	8	8	8
5:00	5:00	5:00	5:00
5:30	5:30	5:30	5:30
6:00	6:00	6:00	6:00
6:30	6:30	6:30	6:30
7:00	7:00	7:00	7:00
7:30	7:30	7:30	7:30
8:00	8:00	8:00	8:00
8:30	8:30	8:30	8:30
9:00	9:00	9:00	9:00
9:30	9:30	9:30	9:30
10:00	10:00	10:00	10:00
10:30	10:30	10:30	10:30
11:00	11:00	11:00	11:00
11:30	11:30	11:30	11:30
12:00p	12:00p	12:00p	12:00p
12:30	12:30	12:30	12:30
1:00	1:00	1:00	1:00
1:30	1:30	1:30	1:30
2:00	2:00	2:00	2:00
2:30	2:30	2:30	2:30
3:00	3:00	3:00	3:00
3:30	3:30	3:30	3:30
4:00	4:00	4:00	4:00
4:30	4:30	4:30	4:30
5:00	5:00	5:00	5:00
5:30	5:30	5:30	5:30
6:00	6:00	6:00	6:00
6:30	6:30	6:30	6:30
7:00	7:00	7:00	7:00
7:30	7:30	7:30	7:30
8:00	8:00	8:00	8:00
8:30	8:30	8:30	8:30
9:00	9:00	9:00	9:00
9:30	9:30	9:30	9:30
10:00	10:00	10:00	10:00
10:30	10:30	10:30	10:30

0	1	2	3	4	0	1	2	3	4	0	1	2	3	4	0	1	2	3	4

THIS WEEK'S PRIORITIES	MONDAY TASKS	TUESDAY TASKS	WEDNESDAY TASKS
1	1	1	1
2	2	2	2
3	3	3	3
4	4	4	4
5	5	5	5
6	6	6	6
7	7	7	7
8	8	8	8

NEW CONTACTS	MONDAY	TUESDAY	WEDNESDAY
	5:00	5:00	5:00
	5:30	5:30	5:30
	6:00	6:00	6:00
	6:30	6:30	6:30
	7:00	7:00	7:00
	7:30	7:30	7:30
	8:00	8:00	8:00
	8:30	8:30	8:30
	9:00	9:00	9:00
	9:30	9:30	9:30
	10:00	10:00	10:00
FOLLOW UP	10:30	10:30	10:30
	11:00	11:00	11:00
	11:30	11:30	11:30
	12:00p	12:00p	12:00p
	12:30	12:30	12:30
	1:00	1:00	1:00
	1:30	1:30	1:30
NEWLY ENROLLED	2:00	2:00	2:00
	2:30	2:30	2:30
	3:00	3:00	3:00
	3:30	3:30	3:30
	4:00	4:00	4:00
HELP TO TEAM LEADER	4:30	4:30	4:30
	5:00	5:00	5:00
	5:30	5:30	5:30
	6:00	6:00	6:00
BOOKS	6:30	6:30	6:30
	7:00	7:00	7:00
	7:30	7:30	7:30
SKILLS I'M WORKING ON	8:00	8:00	8:00
	8:30	8:30	8:30
	9:00	9:00	9:00
	9:30	9:30	9:30
	10:00	10:00	10:00
	10:30	10:30	10:30

TIME FOCUS KEY

1 = Your Perfect Morning Routine
2 = Prospecting
3 = Presenting
4 = Following up
5 = Getting People Started

TIME FOCUS: ✔ when completed:	1	2	3	4	5	1	2	3	4	5	1	2	3	4	5

THURSDAY	FRIDAY	SATURDAY	SUNDAY
TASKS	**TASKS**	**TASKS**	**TASKS**
1	1	1	1
2	2	2	2
3	3	3	3
4	4	4	4
5	5	5	5
6	6	6	6
7	7	7	7
8	8	8	8
5:00	5:00	5:00	5:00
5:30	5:30	5:30	5:30
6:00	6:00	6:00	6:00
6:30	6:30	6:30	6:30
7:00	7:00	7:00	7:00
7:30	7:30	7:30	7:30
8:00	8:00	8:00	8:00
8:30	8:30	8:30	8:30
9:00	9:00	9:00	9:00
9:30	9:30	9:30	9:30
10:00	10:00	10:00	10:00
10:30	10:30	10:30	10:30
11:00	11:00	11:00	11:00
11:30	11:30	11:30	11:30
12:00p	12:00p	12:00p	12:00p
12:30	12:30	12:30	12:30
1:00	1:00	1:00	1:00
1:30	1:30	1:30	1:30
2:00	2:00	2:00	2:00
2:30	2:30	2:30	2:30
3:00	3:00	3:00	3:00
3:30	3:30	3:30	3:30
4:00	4:00	4:00	4:00
4:30	4:30	4:30	4:30
5:00	5:00	5:00	5:00
5:30	5:30	5:30	5:30
6:00	6:00	6:00	6:00
6:30	6:30	6:30	6:30
7:00	7:00	7:00	7:00
7:30	7:30	7:30	7:30
8:00	8:00	8:00	8:00
8:30	8:30	8:30	8:30
9:00	9:00	9:00	9:00
9:30	9:30	9:30	9:30
10:00	10:00	10:00	10:00
10:30	10:30	10:30	10:30

0	1	2	3	4	0	1	2	3	4	0	1	2	3	4	0	1	2	3	4

WEEK FROM / TO /			MONDAY	TUESDAY	WEDNESDAY
THIS WEEK'S PRIORITIES			**TASKS**	**TASKS**	**TASKS**
1			1	1	1
2			2	2	2
3			3	3	3
4			4	4	4
5			5	5	5
6			6	6	6
7			7	7	7
8			8	8	8
NEW CONTACTS			5:00	5:00	5:00
			5:30	5:30	5:30
			6:00	6:00	6:00
			6:30	6:30	6:30
			7:00	7:00	7:00
			7:30	7:30	7:30
			8:00	8:00	8:00
			8:30	8:30	8:30
			9:00	9:00	9:00
			9:30	9:30	9:30
			10:00	10:00	10:00
FOLLOW UP			10:30	10:30	10:30
			11:00	11:00	11:00
			11:30	11:30	11:30
			12:00p	12:00p	12:00p
			12:30	12:30	12:30
			1:00	1:00	1:00
			1:30	1:30	1:30
NEWLY ENROLLED			2:00	2:00	2:00
			2:30	2:30	2:30
			3:00	3:00	3:00
			3:30	3:30	3:30
			4:00	4:00	4:00
HELP TO TEAM LEADER			4:30	4:30	4:30
			5:00	5:00	5:00
			5:30	5:30	5:30
			6:00	6:00	6:00
BOOKS			6:30	6:30	6:30
			7:00	7:00	7:00
			7:30	7:30	7:30
SKILLS I'M WORKING ON			8:00	8:00	8:00
			8:30	8:30	8:30
			9:00	9:00	9:00
			9:30	9:30	9:30
TIME FOCUS KEY			10:00	10:00	10:00
1 = Your Perfect Morning Routing			10:30	10:30	10:30
2 = Prospecting	**TIME FOCUS:**	1 2 3 4 5		1 2 3 4 5	1 2 3 4 5
3 = Presenting	✔ when completed:				
4 = Following up					
5 = Getting People Started					

72

THURSDAY		FRIDAY		SATURDAY		SUNDAY	
TASKS		**TASKS**		**TASKS**		**TASKS**	
1		1		1		1	
2		2		2		2	
3		3		3		3	
4		4		4		4	
5		5		5		5	
6		6		6		6	
7		7		7		7	
8		8		8		8	
5:00		5:00		5:00		5:00	
5:30		5:30		5:30		5:30	
6:00		6:00		6:00		6:00	
6:30		6:30		6:30		6:30	
7:00		7:00		7:00		7:00	
7:30		7:30		7:30		7:30	
8:00		8:00		8:00		8:00	
8:30		8:30		8:30		8:30	
9:00		9:00		9:00		9:00	
9:30		9:30		9:30		9:30	
10:00		10:00		10:00		10:00	
10:30		10:30		10:30		10:30	
11:00		11:00		11:00		11:00	
11:30		11:30		11:30		11:30	
12:00p		12:00p		12:00p		12:00p	
12:30		12:30		12:30		12:30	
1:00		1:00		1:00		1:00	
1:30		1:30		1:30		1:30	
2:00		2:00		2:00		2:00	
2:30		2:30		2:30		2:30	
3:00		3:00		3:00		3:00	
3:30		3:30		3:30		3:30	
4:00		4:00		4:00		4:00	
4:30		4:30		4:30		4:30	
5:00		5:00		5:00		5:00	
5:30		5:30		5:30		5:30	
6:00		6:00		6:00		6:00	
6:30		6:30		6:30		6:30	
7:00		7:00		7:00		7:00	
7:30		7:30		7:30		7:30	
8:00		8:00		8:00		8:00	
8:30		8:30		8:30		8:30	
9:00		9:00		9:00		9:00	
9:30		9:30		9:30		9:30	
10:00		10:00		10:00		10:00	
10:30		10:30		10:30		10:30	

0	1	2	3	4	0	1	2	3	4	0	1	2	3	4	0	1	2	3	4

WEEK FROM	/	TO	/	MONDAY		TUESDAY		WEDNESDAY	
THIS WEEK'S PRIORITIES				**TASKS**		**TASKS**		**TASKS**	

THIS WEEK'S PRIORITIES	MONDAY TASKS	TUESDAY TASKS	WEDNESDAY TASKS
1	1	1	1
2	2	2	2
3	3	3	3
4	4	4	4
5	5	5	5
6	6	6	6
7	7	7	7
8	8	8	8
NEW CONTACTS	5:00	5:00	5:00
	5:30	5:30	5:30
	6:00	6:00	6:00
	6:30	6:30	6:30
	7:00	7:00	7:00
	7:30	7:30	7:30
	8:00	8:00	8:00
	8:30	8:30	8:30
	9:00	9:00	9:00
	9:30	9:30	9:30
	10:00	10:00	10:00
FOLLOW UP	10:30	10:30	10:30
	11:00	11:00	11:00
	11:30	11:30	11:30
	12:00p	12:00p	12:00p
	12:30	12:30	12:30
	1:00	1:00	1:00
	1:30	1:30	1:30
NEWLY ENROLLED	2:00	2:00	2:00
	2:30	2:30	2:30
	3:00	3:00	3:00
	3:30	3:30	3:30
	4:00	4:00	4:00
HELP TO TEAM LEADER	4:30	4:30	4:30
	5:00	5:00	5:00
	5:30	5:30	5:30
	6:00	6:00	6:00
BOOKS	6:30	6:30	6:30
	7:00	7:00	7:00
	7:30	7:30	7:30
SKILLS I'M WORKING ON	8:00	8:00	8:00
	8:30	8:30	8:30
	9:00	9:00	9:00
	9:30	9:30	9:30
TIME FOCUS KEY	10:00	10:00	10:00
1 = Your Perfect Morning Routing	10:30	10:30	10:30

TIME FOCUS KEY
1 = Your Perfect Morning Routing
2 = Prospecting
3 = Presenting
4 = Following up
5 = Getting People Started

TIME FOCUS:	1	2	3	4	5	1	2	3	4	5	1	2	3	4	5
✔ when completed:															

74

THURSDAY		FRIDAY		SATURDAY		SUNDAY	
TASKS		**TASKS**		**TASKS**		**TASKS**	
1		1		1		1	
2		2		2		2	
3		3		3		3	
4		4		4		4	
5		5		5		5	
6		6		6		6	
7		7		7		7	
8		8		8		8	
5:00		5:00		5:00		5:00	
5:30		5:30		5:30		5:30	
6:00		6:00		6:00		6:00	
6:30		6:30		6:30		6:30	
7:00		7:00		7:00		7:00	
7:30		7:30		7:30		7:30	
8:00		8:00		8:00		8:00	
8:30		8:30		8:30		8:30	
9:00		9:00		9:00		9:00	
9:30		9:30		9:30		9:30	
10:00		10:00		10:00		10:00	
10:30		10:30		10:30		10:30	
11:00		11:00		11:00		11:00	
11:30		11:30		11:30		11:30	
12:00p		12:00p		12:00p		12:00p	
12:30		12:30		12:30		12:30	
1:00		1:00		1:00		1:00	
1:30		1:30		1:30		1:30	
2:00		2:00		2:00		2:00	
2:30		2:30		2:30		2:30	
3:00		3:00		3:00		3:00	
3:30		3:30		3:30		3:30	
4:00		4:00		4:00		4:00	
4:30		4:30		4:30		4:30	
5:00		5:00		5:00		5:00	
5:30		5:30		5:30		5:30	
6:00		6:00		6:00		6:00	
6:30		6:30		6:30		6:30	
7:00		7:00		7:00		7:00	
7:30		7:30		7:30		7:30	
8:00		8:00		8:00		8:00	
8:30		8:30		8:30		8:30	
9:00		9:00		9:00		9:00	
9:30		9:30		9:30		9:30	
10:00		10:00		10:00		10:00	
10:30		10:30		10:30		10:30	

0	1	2	3	4	0	1	2	3	4	0	1	2	3	4	0	1	2	3	4

WEEK FROM / TO /	MONDAY	TUESDAY	WEDNESDAY
THIS WEEK'S PRIORITIES	**TASKS**	**TASKS**	**TASKS**
1	1	1	1
2	2	2	2
3	3	3	3
4	4	4	4
5	5	5	5
6	6	6	6
7	7	7	7
8	8	8	8
NEW CONTACTS	5:00	5:00	5:00
	5:30	5:30	5:30
	6:00	6:00	6:00
	6:30	6:30	6:30
	7:00	7:00	7:00
	7:30	7:30	7:30
	8:00	8:00	8:00
	8:30	8:30	8:30
	9:00	9:00	9:00
	9:30	9:30	9:30
	10:00	10:00	10:00
FOLLOW UP	10:30	10:30	10:30
	11:00	11:00	11:00
	11:30	11:30	11:30
	12:00p	12:00p	12:00p
	12:30	12:30	12:30
	1:00	1:00	1:00
	1:30	1:30	1:30
NEWLY ENROLLED	2:00	2:00	2:00
	2:30	2:30	2:30
	3:00	3:00	3:00
	3:30	3:30	3:30
	4:00	4:00	4:00
HELP TO TEAM LEADER	4:30	4:30	4:30
	5:00	5:00	5:00
	5:30	5:30	5:30
	6:00	6:00	6:00
BOOKS	6:30	6:30	6:30
	7:00	7:00	7:00
	7:30	7:30	7:30
SKILLS I'M WORKING ON	8:00	8:00	8:00
	8:30	8:30	8:30
	9:00	9:00	9:00
	9:30	9:30	9:30
TIME FOCUS KEY	10:00	10:00	10:00
1 = Your Perfect Morning Routing	10:30	10:30	10:30

TIME FOCUS:	1	2	3	4	5	1	2	3	4	5	1	2	3	4	5
✔ when completed:															

2 = Prospecting
3 = Presenting
4 = Following up
5 = Getting People Started

THURSDAY		FRIDAY		SATURDAY		SUNDAY	
TASKS		TASKS		TASKS		TASKS	
1		1		1		1	
2		2		2		2	
3		3		3		3	
4		4		4		4	
5		5		5		5	
6		6		6		6	
7		7		7		7	
8		8		8		8	
5:00		5:00		5:00		5:00	
5:30		5:30		5:30		5:30	
6:00		6:00		6:00		6:00	
6:30		6:30		6:30		6:30	
7:00		7:00		7:00		7:00	
7:30		7:30		7:30		7:30	
8:00		8:00		8:00		8:00	
8:30		8:30		8:30		8:30	
9:00		9:00		9:00		9:00	
9:30		9:30		9:30		9:30	
10:00		10:00		10:00		10:00	
10:30		10:30		10:30		10:30	
11:00		11:00		11:00		11:00	
11:30		11:30		11:30		11:30	
12:00p		12:00p		12:00p		12:00p	
12:30		12:30		12:30		12:30	
1:00		1:00		1:00		1:00	
1:30		1:30		1:30		1:30	
2:00		2:00		2:00		2:00	
2:30		2:30		2:30		2:30	
3:00		3:00		3:00		3:00	
3:30		3:30		3:30		3:30	
4:00		4:00		4:00		4:00	
4:30		4:30		4:30		4:30	
5:00		5:00		5:00		5:00	
5:30		5:30		5:30		5:30	
6:00		6:00		6:00		6:00	
6:30		6:30		6:30		6:30	
7:00		7:00		7:00		7:00	
7:30		7:30		7:30		7:30	
8:00		8:00		8:00		8:00	
8:30		8:30		8:30		8:30	
9:00		9:00		9:00		9:00	
9:30		9:30		9:30		9:30	
10:00		10:00		10:00		10:00	
10:30		10:30		10:30		10:30	

0	1	2	3	4	0	1	2	3	4	0	1	2	3	4	0	1	2	3	4

WEEK FROM / TO /	MONDAY	TUESDAY	WEDNESDAY
THIS WEEK'S PRIORITIES	TASKS	TASKS	TASKS
1	1	1	1
2	2	2	2
3	3	3	3
4	4	4	4
5	5	5	5
6	6	6	6
7	7	7	7
8	8	8	8
NEW CONTACTS	5:00	5:00	5:00
	5:30	5:30	5:30
	6:00	6:00	6:00
	6:30	6:30	6:30
	7:00	7:00	7:00
	7:30	7:30	7:30
	8:00	8:00	8:00
	8:30	8:30	8:30
	9:00	9:00	9:00
	9:30	9:30	9:30
	10:00	10:00	10:00
FOLLOW UP	10:30	10:30	10:30
	11:00	11:00	11:00
	11:30	11:30	11:30
	12:00p	12:00p	12:00p
	12:30	12:30	12:30
	1:00	1:00	1:00
	1:30	1:30	1:30
NEWLY ENROLLED	2:00	2:00	2:00
	2:30	2:30	2:30
	3:00	3:00	3:00
	3:30	3:30	3:30
	4:00	4:00	4:00
HELP TO TEAM LEADER	4:30	4:30	4:30
	5:00	5:00	5:00
	5:30	5:30	5:30
	6:00	6:00	6:00
BOOKS	6:30	6:30	6:30
	7:00	7:00	7:00
	7:30	7:30	7:30
SKILLS I'M WORKING ON	8:00	8:00	8:00
	8:30	8:30	8:30
	9:00	9:00	9:00
	9:30	9:30	9:30
TIME FOCUS KEY	10:00	10:00	10:00
1 = Your Perfect Morning Routine	10:30	10:30	10:30

TIME FOCUS KEY		TIME FOCUS:	1	2	3	4	5	1	2	3	4	5	1	2	3	4	5
1 = Your Perfect Morning Routine																	
2 = Prospecting		✔ when completed:															
3 = Presenting																	
4 = Following up																	
5 = Getting People Started																	

THURSDAY		FRIDAY		SATURDAY		SUNDAY	
TASKS		**TASKS**		**TASKS**		**TASKS**	
1		1		1		1	
2		2		2		2	
3		3		3		3	
4		4		4		4	
5		5		5		5	
6		6		6		6	
7		7		7		7	
8		8		8		8	
5:00		5:00		5:00		5:00	
5:30		5:30		5:30		5:30	
6:00		6:00		6:00		6:00	
6:30		6:30		6:30		6:30	
7:00		7:00		7:00		7:00	
7:30		7:30		7:30		7:30	
8:00		8:00		8:00		8:00	
8:30		8:30		8:30		8:30	
9:00		9:00		9:00		9:00	
9:30		9:30		9:30		9:30	
10:00		10:00		10:00		10:00	
10:30		10:30		10:30		10:30	
11:00		11:00		11:00		11:00	
11:30		11:30		11:30		11:30	
12:00p		12:00p		12:00p		12:00p	
12:30		12:30		12:30		12:30	
1:00		1:00		1:00		1:00	
1:30		1:30		1:30		1:30	
2:00		2:00		2:00		2:00	
2:30		2:30		2:30		2:30	
3:00		3:00		3:00		3:00	
3:30		3:30		3:30		3:30	
4:00		4:00		4:00		4:00	
4:30		4:30		4:30		4:30	
5:00		5:00		5:00		5:00	
5:30		5:30		5:30		5:30	
6:00		6:00		6:00		6:00	
6:30		6:30		6:30		6:30	
7:00		7:00		7:00		7:00	
7:30		7:30		7:30		7:30	
8:00		8:00		8:00		8:00	
8:30		8:30		8:30		8:30	
9:00		9:00		9:00		9:00	
9:30		9:30		9:30		9:30	
10:00		10:00		10:00		10:00	
10:30		10:30		10:30		10:30	

0	1	2	3	4	0	1	2	3	4	0	1	2	3	4	0	1	2	3	4

WEEK FROM / TO /	MONDAY	TUESDAY	WEDNESDAY
THIS WEEK'S PRIORITIES	TASKS	TASKS	TASKS
1	1	1	1
2	2	2	2
3	3	3	3
4	4	4	4
5	5	5	5
6	6	6	6
7	7	7	7
8	8	8	8
NEW CONTACTS	5:00	5:00	5:00
	5:30	5:30	5:30
	6:00	6:00	6:00
	6:30	6:30	6:30
	7:00	7:00	7:00
	7:30	7:30	7:30
	8:00	8:00	8:00
	8:30	8:30	8:30
	9:00	9:00	9:00
	9:30	9:30	9:30
	10:00	10:00	10:00
FOLLOW UP	10:30	10:30	10:30
	11:00	11:00	11:00
	11:30	11:30	11:30
	12:00p	12:00p	12:00p
	12:30	12:30	12:30
	1:00	1:00	1:00
	1:30	1:30	1:30
NEWLY ENROLLED	2:00	2:00	2:00
	2:30	2:30	2:30
	3:00	3:00	3:00
	3:30	3:30	3:30
	4:00	4:00	4:00
HELP TO TEAM LEADER	4:30	4:30	4:30
	5:00	5:00	5:00
	5:30	5:30	5:30
	6:00	6:00	6:00
BOOKS	6:30	6:30	6:30
	7:00	7:00	7:00
	7:30	7:30	7:30
SKILLS I'M WORKING ON	8:00	8:00	8:00
	8:30	8:30	8:30
	9:00	9:00	9:00
	9:30	9:30	9:30
TIME FOCUS KEY	10:00	10:00	10:00
1 = Your Perfect Morning Routing	10:30	10:30	10:30

TIME FOCUS KEY	TIME FOCUS:	1	2	3	4	5	1	2	3	4	5	1	2	3	4	5
2 = Prospecting	✔ when completed:															
3 = Presenting																
4 = Following up																
5 = Getting People Started																

THURSDAY	FRIDAY	SATURDAY	SUNDAY
TASKS	**TASKS**	**TASKS**	**TASKS**
1	1	1	1
2	2	2	2
3	3	3	3
4	4	4	4
5	5	5	5
6	6	6	6
7	7	7	7
8	8	8	8
5:00	5:00	5:00	5:00
5:30	5:30	5:30	5:30
6:00	6:00	6:00	6:00
6:30	6:30	6:30	6:30
7:00	7:00	7:00	7:00
7:30	7:30	7:30	7:30
8:00	8:00	8:00	8:00
8:30	8:30	8:30	8:30
9:00	9:00	9:00	9:00
9:30	9:30	9:30	9:30
10:00	10:00	10:00	10:00
10:30	10:30	10:30	10:30
11:00	11:00	11:00	11:00
11:30	11:30	11:30	11:30
12:00p	12:00p	12:00p	12:00p
12:30	12:30	12:30	12:30
1:00	1:00	1:00	1:00
1:30	1:30	1:30	1:30
2:00	2:00	2:00	2:00
2:30	2:30	2:30	2:30
3:00	3:00	3:00	3:00
3:30	3:30	3:30	3:30
4:00	4:00	4:00	4:00
4:30	4:30	4:30	4:30
5:00	5:00	5:00	5:00
5:30	5:30	5:30	5:30
6:00	6:00	6:00	6:00
6:30	6:30	6:30	6:30
7:00	7:00	7:00	7:00
7:30	7:30	7:30	7:30
8:00	8:00	8:00	8:00
8:30	8:30	8:30	8:30
9:00	9:00	9:00	9:00
9:30	9:30	9:30	9:30
10:00	10:00	10:00	10:00
10:30	10:30	10:30	10:30

0	1	2	3	4	0	1	2	3	4	0	1	2	3	4	0	1	2	3	4

WEEK FROM __/__ TO __/__	MONDAY	TUESDAY	WEDNESDAY
THIS WEEK'S PRIORITIES	TASKS	TASKS	TASKS
1	1	1	1
2	2	2	2
3	3	3	3
4	4	4	4
5	5	5	5
6	6	6	6
7	7	7	7
8	8	8	8
NEW CONTACTS	5:00	5:00	5:00
	5:30	5:30	5:30
	6:00	6:00	6:00
	6:30	6:30	6:30
	7:00	7:00	7:00
	7:30	7:30	7:30
	8:00	8:00	8:00
	8:30	8:30	8:30
	9:00	9:00	9:00
	9:30	9:30	9:30
	10:00	10:00	10:00
FOLLOW UP	10:30	10:30	10:30
	11:00	11:00	11:00
	11:30	11:30	11:30
	12:00p	12:00p	12:00p
	12:30	12:30	12:30
	1:00	1:00	1:00
	1:30	1:30	1:30
NEWLY ENROLLED	2:00	2:00	2:00
	2:30	2:30	2:30
	3:00	3:00	3:00
	3:30	3:30	3:30
	4:00	4:00	4:00
HELP TO TEAM LEADER	4:30	4:30	4:30
	5:00	5:00	5:00
	5:30	5:30	5:30
	6:00	6:00	6:00
BOOKS	6:30	6:30	6:30
	7:00	7:00	7:00
	7:30	7:30	7:30
SKILLS I'M WORKING ON	8:00	8:00	8:00
	8:30	8:30	8:30
	9:00	9:00	9:00
	9:30	9:30	9:30
TIME FOCUS KEY	10:00	10:00	10:00
1 = Your Perfect Morning Routing	10:30	10:30	10:30

TIME FOCUS KEY		TIME FOCUS:	1	2	3	4	5	1	2	3	4	5	1	2	3	4	5
2 = Prospecting																	
3 = Presenting	✔ when completed:																
4 = Following up																	
5 = Getting People Started																	

THURSDAY	FRIDAY	SATURDAY	SUNDAY
TASKS	**TASKS**	**TASKS**	**TASKS**
1	1	1	1
2	2	2	2
3	3	3	3
4	4	4	4
5	5	5	5
6	6	6	6
7	7	7	7
8	8	8	8
5:00	5:00	5:00	5:00
5:30	5:30	5:30	5:30
6:00	6:00	6:00	6:00
6:30	6:30	6:30	6:30
7:00	7:00	7:00	7:00
7:30	7:30	7:30	7:30
8:00	8:00	8:00	8:00
8:30	8:30	8:30	8:30
9:00	9:00	9:00	9:00
9:30	9:30	9:30	9:30
10:00	10:00	10:00	10:00
10:30	10:30	10:30	10:30
11:00	11:00	11:00	11:00
11:30	11:30	11:30	11:30
12:00p	12:00p	12:00p	12:00p
12:30	12:30	12:30	12:30
1:00	1:00	1:00	1:00
1:30	1:30	1:30	1:30
2:00	2:00	2:00	2:00
2:30	2:30	2:30	2:30
3:00	3:00	3:00	3:00
3:30	3:30	3:30	3:30
4:00	4:00	4:00	4:00
4:30	4:30	4:30	4:30
5:00	5:00	5:00	5:00
5:30	5:30	5:30	5:30
6:00	6:00	6:00	6:00
6:30	6:30	6:30	6:30
7:00	7:00	7:00	7:00
7:30	7:30	7:30	7:30
8:00	8:00	8:00	8:00
8:30	8:30	8:30	8:30
9:00	9:00	9:00	9:00
9:30	9:30	9:30	9:30
10:00	10:00	10:00	10:00
10:30	10:30	10:30	10:30

0	1	2	3	4	0	1	2	3	4	0	1	2	3	4	0	1	2	3	4

WEEK FROM ___ / ___ TO ___ / ___	MONDAY	TUESDAY	WEDNESDAY
THIS WEEK'S PRIORITIES	**TASKS**	**TASKS**	**TASKS**
1	1	1	1
2	2	2	2
3	3	3	3
4	4	4	4
5	5	5	5
6	6	6	6
7	7	7	7
8	8	8	8
NEW CONTACTS	5:00	5:00	5:00
	5:30	5:30	5:30
	6:00	6:00	6:00
	6:30	6:30	6:30
	7:00	7:00	7:00
	7:30	7:30	7:30
	8:00	8:00	8:00
	8:30	8:30	8:30
	9:00	9:00	9:00
	9:30	9:30	9:30
	10:00	10:00	10:00
FOLLOW UP	10:30	10:30	10:30
	11:00	11:00	11:00
	11:30	11:30	11:30
	12:00p	12:00p	12:00p
	12:30	12:30	12:30
	1:00	1:00	1:00
	1:30	1:30	1:30
NEWLY ENROLLED	2:00	2:00	2:00
	2:30	2:30	2:30
	3:00	3:00	3:00
	3:30	3:30	3:30
	4:00	4:00	4:00
HELP TO TEAM LEADER	4:30	4:30	4:30
	5:00	5:00	5:00
	5:30	5:30	5:30
	6:00	6:00	6:00
BOOKS	6:30	6:30	6:30
	7:00	7:00	7:00
	7:30	7:30	7:30
SKILLS I'M WORKING ON	8:00	8:00	8:00
	8:30	8:30	8:30
	9:00	9:00	9:00
	9:30	9:30	9:30
TIME FOCUS KEY	10:00	10:00	10:00
1 = Your Perfect Morning Routine	10:30	10:30	10:30

	TIME FOCUS:	1	2	3	4	5	1	2	3	4	5	1	2	3	4	5
2 = Prospecting																
3 = Presenting	✔ when completed:															
4 = Following up																
5 = Getting People Started																

THURSDAY		FRIDAY		SATURDAY		SUNDAY	
TASKS		**TASKS**		**TASKS**		**TASKS**	
1		1		1		1	
2		2		2		2	
3		3		3		3	
4		4		4		4	
5		5		5		5	
6		6		6		6	
7		7		7		7	
8		8		8		8	
5:00		5:00		5:00		5:00	
5:30		5:30		5:30		5:30	
6:00		6:00		6:00		6:00	
6:30		6:30		6:30		6:30	
7:00		7:00		7:00		7:00	
7:30		7:30		7:30		7:30	
8:00		8:00		8:00		8:00	
8:30		8:30		8:30		8:30	
9:00		9:00		9:00		9:00	
9:30		9:30		9:30		9:30	
10:00		10:00		10:00		10:00	
10:30		10:30		10:30		10:30	
11:00		11:00		11:00		11:00	
11:30		11:30		11:30		11:30	
12:00p		12:00p		12:00p		12:00p	
12:30		12:30		12:30		12:30	
1:00		1:00		1:00		1:00	
1:30		1:30		1:30		1:30	
2:00		2:00		2:00		2:00	
2:30		2:30		2:30		2:30	
3:00		3:00		3:00		3:00	
3:30		3:30		3:30		3:30	
4:00		4:00		4:00		4:00	
4:30		4:30		4:30		4:30	
5:00		5:00		5:00		5:00	
5:30		5:30		5:30		5:30	
6:00		6:00		6:00		6:00	
6:30		6:30		6:30		6:30	
7:00		7:00		7:00		7:00	
7:30		7:30		7:30		7:30	
8:00		8:00		8:00		8:00	
8:30		8:30		8:30		8:30	
9:00		9:00		9:00		9:00	
9:30		9:30		9:30		9:30	
10:00		10:00		10:00		10:00	
10:30		10:30		10:30		10:30	

0	1	2	3	4	0	1	2	3	4	0	1	2	3	4	0	1	2	3	4

WEEK FROM / TO /		MONDAY		TUESDAY		WEDNESDAY	
THIS WEEK'S PRIORITIES		TASKS		TASKS		TASKS	
1		1		1		1	
2		2		2		2	
3		3		3		3	
4		4		4		4	
5		5		5		5	
6		6		6		6	
7		7		7		7	
8		8		8		8	
NEW CONTACTS		5:00		5:00		5:00	
		5:30		5:30		5:30	
		6:00		6:00		6:00	
		6:30		6:30		6:30	
		7:00		7:00		7:00	
		7:30		7:30		7:30	
		8:00		8:00		8:00	
		8:30		8:30		8:30	
		9:00		9:00		9:00	
		9:30		9:30		9:30	
		10:00		10:00		10:00	
FOLLOW UP		10:30		10:30		10:30	
		11:00		11:00		11:00	
		11:30		11:30		11:30	
		12:00p		12:00p		12:00p	
		12:30		12:30		12:30	
		1:00		1:00		1:00	
		1:30		1:30		1:30	
NEWLY ENROLLED		2:00		2:00		2:00	
		2:30		2:30		2:30	
		3:00		3:00		3:00	
		3:30		3:30		3:30	
		4:00		4:00		4:00	
HELP TO TEAM LEADER		4:30		4:30		4:30	
		5:00		5:00		5:00	
		5:30		5:30		5:30	
		6:00		6:00		6:00	
BOOKS		6:30		6:30		6:30	
		7:00		7:00		7:00	
		7:30		7:30		7:30	
SKILLS I'M WORKING ON		8:00		8:00		8:00	
		8:30		8:30		8:30	
		9:00		9:00		9:00	
		9:30		9:30		9:30	
TIME FOCUS KEY		10:00		10:00		10:00	
1 = Your Perfect Morning Routing		10:30		10:30		10:30	

	TIME FOCUS:	1	2	3	4	5	1	2	3	4	5	1	2	3	4	5
2 = Prospecting	✔ when completed:															
3 = Presenting																
4 = Following up																
5 = Getting People Started																

THURSDAY	FRIDAY	SATURDAY	SUNDAY
TASKS	TASKS	TASKS	TASKS
1	1	1	1
2	2	2	2
3	3	3	3
4	4	4	4
5	5	5	5
6	6	6	6
7	7	7	7
8	8	8	8
5:00	5:00	5:00	5:00
5:30	5:30	5:30	5:30
6:00	6:00	6:00	6:00
6:30	6:30	6:30	6:30
7:00	7:00	7:00	7:00
7:30	7:30	7:30	7:30
8:00	8:00	8:00	8:00
8:30	8:30	8:30	8:30
9:00	9:00	9:00	9:00
9:30	9:30	9:30	9:30
10:00	10:00	10:00	10:00
10:30	10:30	10:30	10:30
11:00	11:00	11:00	11:00
11:30	11:30	11:30	11:30
12:00p	12:00p	12:00p	12:00p
12:30	12:30	12:30	12:30
1:00	1:00	1:00	1:00
1:30	1:30	1:30	1:30
2:00	2:00	2:00	2:00
2:30	2:30	2:30	2:30
3:00	3:00	3:00	3:00
3:30	3:30	3:30	3:30
4:00	4:00	4:00	4:00
4:30	4:30	4:30	4:30
5:00	5:00	5:00	5:00
5:30	5:30	5:30	5:30
6:00	6:00	6:00	6:00
6:30	6:30	6:30	6:30
7:00	7:00	7:00	7:00
7:30	7:30	7:30	7:30
8:00	8:00	8:00	8:00
8:30	8:30	8:30	8:30
9:00	9:00	9:00	9:00
9:30	9:30	9:30	9:30
10:00	10:00	10:00	10:00
10:30	10:30	10:30	10:30

0	1	2	3	4	0	1	2	3	4	0	1	2	3	4	0	1	2	3	4

WEEK FROM / TO /	MONDAY		TUESDAY		WEDNESDAY	
THIS WEEK'S PRIORITIES	TASKS		TASKS		TASKS	
1	1		1		1	
2	2		2		2	
3	3		3		3	
4	4		4		4	
5	5		5		5	
6	6		6		6	
7	7		7		7	
8	8		8		8	
NEW CONTACTS	5:00		5:00		5:00	
	5:30		5:30		5:30	
	6:00		6:00		6:00	
	6:30		6:30		6:30	
	7:00		7:00		7:00	
	7:30		7:30		7:30	
	8:00		8:00		8:00	
	8:30		8:30		8:30	
	9:00		9:00		9:00	
	9:30		9:30		9:30	
	10:00		10:00		10:00	
FOLLOW UP	10:30		10:30		10:30	
	11:00		11:00		11:00	
	11:30		11:30		11:30	
	12:00p		12:00p		12:00p	
	12:30		12:30		12:30	
	1:00		1:00		1:00	
	1:30		1:30		1:30	
NEWLY ENROLLED	2:00		2:00		2:00	
	2:30		2:30		2:30	
	3:00		3:00		3:00	
	3:30		3:30		3:30	
	4:00		4:00		4:00	
HELP TO TEAM LEADER	4:30		4:30		4:30	
	5:00		5:00		5:00	
	5:30		5:30		5:30	
	6:00		6:00		6:00	
BOOKS	6:30		6:30		6:30	
	7:00		7:00		7:00	
	7:30		7:30		7:30	
SKILLS I'M WORKING ON	8:00		8:00		8:00	
	8:30		8:30		8:30	
	9:00		9:00		9:00	
	9:30		9:30		9:30	
TIME FOCUS KEY	10:00		10:00		10:00	
1 = Your Perfect Morning Routing	10:30		10:30		10:30	

TIME FOCUS KEY		TIME FOCUS:	1	2	3	4	5	1	2	3	4	5	1	2	3	4	5
2 = Prospecting																	
3 = Presenting	✔ when completed:																
4 = Following up																	
5 = Getting People Started																	

THURSDAY	FRIDAY	SATURDAY	SUNDAY
TASKS	TASKS	TASKS	TASKS
1	1	1	1
2	2	2	2
3	3	3	3
4	4	4	4
5	5	5	5
6	6	6	6
7	7	7	7
8	8	8	8
5:00	5:00	5:00	5:00
5:30	5:30	5:30	5:30
6:00	6:00	6:00	6:00
6:30	6:30	6:30	6:30
7:00	7:00	7:00	7:00
7:30	7:30	7:30	7:30
8:00	8:00	8:00	8:00
8:30	8:30	8:30	8:30
9:00	9:00	9:00	9:00
9:30	9:30	9:30	9:30
10:00	10:00	10:00	10:00
10:30	10:30	10:30	10:30
11:00	11:00	11:00	11:00
11:30	11:30	11:30	11:30
12:00p	12:00p	12:00p	12:00p
12:30	12:30	12:30	12:30
1:00	1:00	1:00	1:00
1:30	1:30	1:30	1:30
2:00	2:00	2:00	2:00
2:30	2:30	2:30	2:30
3:00	3:00	3:00	3:00
3:30	3:30	3:30	3:30
4:00	4:00	4:00	4:00
4:30	4:30	4:30	4:30
5:00	5:00	5:00	5:00
5:30	5:30	5:30	5:30
6:00	6:00	6:00	6:00
6:30	6:30	6:30	6:30
7:00	7:00	7:00	7:00
7:30	7:30	7:30	7:30
8:00	8:00	8:00	8:00
8:30	8:30	8:30	8:30
9:00	9:00	9:00	9:00
9:30	9:30	9:30	9:30
10:00	10:00	10:00	10:00
10:30	10:30	10:30	10:30

0	1	2	3	4	0	1	2	3	4	0	1	2	3	4	0	1	2	3	4

WEEK FROM	/ TO /	MONDAY		TUESDAY		WEDNESDAY	
THIS WEEK'S PRIORITIES		**TASKS**		**TASKS**		**TASKS**	
1		1		1		1	
2		2		2		2	
3		3		3		3	
4		4		4		4	
5		5		5		5	
6		6		6		6	
7		7		7		7	
8		8		8		8	
NEW CONTACTS		5:00		5:00		5:00	
		5:30		5:30		5:30	
		6:00		6:00		6:00	
		6:30		6:30		6:30	
		7:00		7:00		7:00	
		7:30		7:30		7:30	
		8:00		8:00		8:00	
		8:30		8:30		8:30	
		9:00		9:00		9:00	
		9:30		9:30		9:30	
		10:00		10:00		10:00	
FOLLOW UP		10:30		10:30		10:30	
		11:00		11:00		11:00	
		11:30		11:30		11:30	
		12:00p		12:00p		12:00p	
		12:30		12:30		12:30	
		1:00		1:00		1:00	
		1:30		1:30		1:30	
NEWLY ENROLLED		2:00		2:00		2:00	
		2:30		2:30		2:30	
		3:00		3:00		3:00	
		3:30		3:30		3:30	
		4:00		4:00		4:00	
HELP TO TEAM LEADER		4:30		4:30		4:30	
		5:00		5:00		5:00	
		5:30		5:30		5:30	
		6:00		6:00		6:00	
BOOKS		6:30		6:30		6:30	
		7:00		7:00		7:00	
		7:30		7:30		7:30	
SKILLS I'M WORKING ON		8:00		8:00		8:00	
		8:30		8:30		8:30	
		9:00		9:00		9:00	
		9:30		9:30		9:30	
TIME FOCUS KEY		10:00		10:00		10:00	
1 = Your Perfect Morning Routing		10:30		10:30		10:30	

	TIME FOCUS:	1	2	3	4	5	1	2	3	4	5	1	2	3	4	5
2 = Prospecting																
3 = Presenting	✔ when completed:															
4 = Following up																
5 = Getting People Started																

THURSDAY	FRIDAY	SATURDAY	SUNDAY
TASKS	TASKS	TASKS	TASKS
1	1	1	1
2	2	2	2
3	3	3	3
4	4	4	4
5	5	5	5
6	6	6	6
7	7	7	7
8	8	8	8
5:00	5:00	5:00	5:00
5:30	5:30	5:30	5:30
6:00	6:00	6:00	6:00
6:30	6:30	6:30	6:30
7:00	7:00	7:00	7:00
7:30	7:30	7:30	7:30
8:00	8:00	8:00	8:00
8:30	8:30	8:30	8:30
9:00	9:00	9:00	9:00
9:30	9:30	9:30	9:30
10:00	10:00	10:00	10:00
10:30	10:30	10:30	10:30
11:00	11:00	11:00	11:00
11:30	11:30	11:30	11:30
12:00p	12:00p	12:00p	12:00p
12:30	12:30	12:30	12:30
1:00	1:00	1:00	1:00
1:30	1:30	1:30	1:30
2:00	2:00	2:00	2:00
2:30	2:30	2:30	2:30
3:00	3:00	3:00	3:00
3:30	3:30	3:30	3:30
4:00	4:00	4:00	4:00
4:30	4:30	4:30	4:30
5:00	5:00	5:00	5:00
5:30	5:30	5:30	5:30
6:00	6:00	6:00	6:00
6:30	6:30	6:30	6:30
7:00	7:00	7:00	7:00
7:30	7:30	7:30	7:30
8:00	8:00	8:00	8:00
8:30	8:30	8:30	8:30
9:00	9:00	9:00	9:00
9:30	9:30	9:30	9:30
10:00	10:00	10:00	10:00
10:30	10:30	10:30	10:30

0	1	2	3	4	0	1	2	3	4	0	1	2	3	4	0	1	2	3	4

WEEK FROM / TO /	MONDAY	TUESDAY	WEDNESDAY
THIS WEEK'S PRIORITIES	**TASKS**	**TASKS**	**TASKS**
1	1	1	1
2	2	2	2
3	3	3	3
4	4	4	4
5	5	5	5
6	6	6	6
7	7	7	7
8	8	8	8
NEW CONTACTS	5:00	5:00	5:00
	5:30	5:30	5:30
	6:00	6:00	6:00
	6:30	6:30	6:30
	7:00	7:00	7:00
	7:30	7:30	7:30
	8:00	8:00	8:00
	8:30	8:30	8:30
	9:00	9:00	9:00
	9:30	9:30	9:30
	10:00	10:00	10:00
FOLLOW UP	10:30	10:30	10:30
	11:00	11:00	11:00
	11:30	11:30	11:30
	12:00p	12:00p	12:00p
	12:30	12:30	12:30
	1:00	1:00	1:00
	1:30	1:30	1:30
NEWLY ENROLLED	2:00	2:00	2:00
	2:30	2:30	2:30
	3:00	3:00	3:00
	3:30	3:30	3:30
	4:00	4:00	4:00
HELP TO TEAM LEADER	4:30	4:30	4:30
	5:00	5:00	5:00
	5:30	5:30	5:30
	6:00	6:00	6:00
BOOKS	6:30	6:30	6:30
	7:00	7:00	7:00
	7:30	7:30	7:30
SKILLS I'M WORKING ON	8:00	8:00	8:00
	8:30	8:30	8:30
	9:00	9:00	9:00
	9:30	9:30	9:30
TIME FOCUS KEY	10:00	10:00	10:00
1 = Your Perfect Morning Routine	10:30	10:30	10:30

TIME FOCUS KEY					
1 = Your Perfect Morning Routine					
2 = Prospecting					
3 = Presenting					
4 = Following up					
5 = Getting People Started					

TIME FOCUS:	1	2	3	4	5	1	2	3	4	5	1	2	3	4	5
✔ when completed:															

THURSDAY		FRIDAY		SATURDAY		SUNDAY	
TASKS		**TASKS**		**TASKS**		**TASKS**	
1		1		1		1	
2		2		2		2	
3		3		3		3	
4		4		4		4	
5		5		5		5	
6		6		6		6	
7		7		7		7	
8		8		8		8	
5:00		5:00		5:00		5:00	
5:30		5:30		5:30		5:30	
6:00		6:00		6:00		6:00	
6:30		6:30		6:30		6:30	
7:00		7:00		7:00		7:00	
7:30		7:30		7:30		7:30	
8:00		8:00		8:00		8:00	
8:30		8:30		8:30		8:30	
9:00		9:00		9:00		9:00	
9:30		9:30		9:30		9:30	
10:00		10:00		10:00		10:00	
10:30		10:30		10:30		10:30	
11:00		11:00		11:00		11:00	
11:30		11:30		11:30		11:30	
12:00p		12:00p		12:00p		12:00p	
12:30		12:30		12:30		12:30	
1:00		1:00		1:00		1:00	
1:30		1:30		1:30		1:30	
2:00		2:00		2:00		2:00	
2:30		2:30		2:30		2:30	
3:00		3:00		3:00		3:00	
3:30		3:30		3:30		3:30	
4:00		4:00		4:00		4:00	
4:30		4:30		4:30		4:30	
5:00		5:00		5:00		5:00	
5:30		5:30		5:30		5:30	
6:00		6:00		6:00		6:00	
6:30		6:30		6:30		6:30	
7:00		7:00		7:00		7:00	
7:30		7:30		7:30		7:30	
8:00		8:00		8:00		8:00	
8:30		8:30		8:30		8:30	
9:00		9:00		9:00		9:00	
9:30		9:30		9:30		9:30	
10:00		10:00		10:00		10:00	
10:30		10:30		10:30		10:30	

0	1	2	3	4	0	1	2	3	4	0	1	2	3	4	0	1	2	3	4

WEEK FROM / TO /	MONDAY	TUESDAY	WEDNESDAY
THIS WEEK'S PRIORITIES	TASKS	TASKS	TASKS
1	1	1	1
2	2	2	2
3	3	3	3
4	4	4	4
5	5	5	5
6	6	6	6
7	7	7	7
8	8	8	8
NEW CONTACTS	5:00	5:00	5:00
	5:30	5:30	5:30
	6:00	6:00	6:00
	6:30	6:30	6:30
	7:00	7:00	7:00
	7:30	7:30	7:30
	8:00	8:00	8:00
	8:30	8:30	8:30
	9:00	9:00	9:00
	9:30	9:30	9:30
	10:00	10:00	10:00
FOLLOW UP	10:30	10:30	10:30
	11:00	11:00	11:00
	11:30	11:30	11:30
	12:00p	12:00p	12:00p
	12:30	12:30	12:30
	1:00	1:00	1:00
	1:30	1:30	1:30
NEWLY ENROLLED	2:00	2:00	2:00
	2:30	2:30	2:30
	3:00	3:00	3:00
	3:30	3:30	3:30
	4:00	4:00	4:00
HELP TO TEAM LEADER	4:30	4:30	4:30
	5:00	5:00	5:00
	5:30	5:30	5:30
	6:00	6:00	6:00
BOOKS	6:30	6:30	6:30
	7:00	7:00	7:00
	7:30	7:30	7:30
SKILLS I'M WORKING ON	8:00	8:00	8:00
	8:30	8:30	8:30
	9:00	9:00	9:00
	9:30	9:30	9:30
TIME FOCUS KEY	10:00	10:00	10:00
1 = Your Perfect Morning Routing	10:30	10:30	10:30

TIME FOCUS KEY	TIME FOCUS:	1	2	3	4	5	1	2	3	4	5	1	2	3	4	5
2 = Prospecting	✔ when completed:															
3 = Presenting																
4 = Following up																
5 = Getting People Started																

THURSDAY		FRIDAY		SATURDAY		SUNDAY	
TASKS		TASKS		TASKS		TASKS	
1		1		1		1	
2		2		2		2	
3		3		3		3	
4		4		4		4	
5		5		5		5	
6		6		6		6	
7		7		7		7	
8		8		8		8	
5:00		5:00		5:00		5:00	
5:30		5:30		5:30		5:30	
6:00		6:00		6:00		6:00	
6:30		6:30		6:30		6:30	
7:00		7:00		7:00		7:00	
7:30		7:30		7:30		7:30	
8:00		8:00		8:00		8:00	
8:30		8:30		8:30		8:30	
9:00		9:00		9:00		9:00	
9:30		9:30		9:30		9:30	
10:00		10:00		10:00		10:00	
10:30		10:30		10:30		10:30	
11:00		11:00		11:00		11:00	
11:30		11:30		11:30		11:30	
12:00p		12:00p		12:00p		12:00p	
12:30		12:30		12:30		12:30	
1:00		1:00		1:00		1:00	
1:30		1:30		1:30		1:30	
2:00		2:00		2:00		2:00	
2:30		2:30		2:30		2:30	
3:00		3:00		3:00		3:00	
3:30		3:30		3:30		3:30	
4:00		4:00		4:00		4:00	
4:30		4:30		4:30		4:30	
5:00		5:00		5:00		5:00	
5:30		5:30		5:30		5:30	
6:00		6:00		6:00		6:00	
6:30		6:30		6:30		6:30	
7:00		7:00		7:00		7:00	
7:30		7:30		7:30		7:30	
8:00		8:00		8:00		8:00	
8:30		8:30		8:30		8:30	
9:00		9:00		9:00		9:00	
9:30		9:30		9:30		9:30	
10:00		10:00		10:00		10:00	
10:30		10:30		10:30		10:30	

0	1	2	3	4	0	1	2	3	4	0	1	2	3	4	0	1	2	3	4

WEEK FROM / TO /	MONDAY	TUESDAY	WEDNESDAY
THIS WEEK'S PRIORITIES	**TASKS**	**TASKS**	**TASKS**
1	1	1	1
2	2	2	2
3	3	3	3
4	4	4	4
5	5	5	5
6	6	6	6
7	7	7	7
8	8	8	8
NEW CONTACTS	5:00	5:00	5:00
	5:30	5:30	5:30
	6:00	6:00	6:00
	6:30	6:30	6:30
	7:00	7:00	7:00
	7:30	7:30	7:30
	8:00	8:00	8:00
	8:30	8:30	8:30
	9:00	9:00	9:00
	9:30	9:30	9:30
	10:00	10:00	10:00
FOLLOW UP	10:30	10:30	10:30
	11:00	11:00	11:00
	11:30	11:30	11:30
	12:00p	12:00p	12:00p
	12:30	12:30	12:30
	1:00	1:00	1:00
	1:30	1:30	1:30
NEWLY ENROLLED	2:00	2:00	2:00
	2:30	2:30	2:30
	3:00	3:00	3:00
	3:30	3:30	3:30
	4:00	4:00	4:00
HELP TO TEAM LEADER	4:30	4:30	4:30
	5:00	5:00	5:00
	5:30	5:30	5:30
	6:00	6:00	6:00
BOOKS	6:30	6:30	6:30
	7:00	7:00	7:00
	7:30	7:30	7:30
SKILLS I'M WORKING ON	8:00	8:00	8:00
	8:30	8:30	8:30
	9:00	9:00	9:00
	9:30	9:30	9:30
TIME FOCUS KEY	10:00	10:00	10:00
1 = Your Perfect Morning Routine	10:30	10:30	10:30

TIME FOCUS KEY	TIME FOCUS:	1	2	3	4	5	1	2	3	4	5	1	2	3	4	5
2 = Prospecting																
3 = Presenting	✔ when completed:															
4 = Following up																
5 = Getting People Started																

THURSDAY	FRIDAY	SATURDAY	SUNDAY
TASKS	TASKS	TASKS	TASKS
1	1	1	1
2	2	2	2
3	3	3	3
4	4	4	4
5	5	5	5
6	6	6	6
7	7	7	7
8	8	8	8
5:00	5:00	5:00	5:00
5:30	5:30	5:30	5:30
6:00	6:00	6:00	6:00
6:30	6:30	6:30	6:30
7:00	7:00	7:00	7:00
7:30	7:30	7:30	7:30
8:00	8:00	8:00	8:00
8:30	8:30	8:30	8:30
9:00	9:00	9:00	9:00
9:30	9:30	9:30	9:30
10:00	10:00	10:00	10:00
10:30	10:30	10:30	10:30
11:00	11:00	11:00	11:00
11:30	11:30	11:30	11:30
12:00p	12:00p	12:00p	12:00p
12:30	12:30	12:30	12:30
1:00	1:00	1:00	1:00
1:30	1:30	1:30	1:30
2:00	2:00	2:00	2:00
2:30	2:30	2:30	2:30
3:00	3:00	3:00	3:00
3:30	3:30	3:30	3:30
4:00	4:00	4:00	4:00
4:30	4:30	4:30	4:30
5:00	5:00	5:00	5:00
5:30	5:30	5:30	5:30
6:00	6:00	6:00	6:00
6:30	6:30	6:30	6:30
7:00	7:00	7:00	7:00
7:30	7:30	7:30	7:30
8:00	8:00	8:00	8:00
8:30	8:30	8:30	8:30
9:00	9:00	9:00	9:00
9:30	9:30	9:30	9:30
10:00	10:00	10:00	10:00
10:30	10:30	10:30	10:30

0	1	2	3	4	0	1	2	3	4	0	1	2	3	4	0	1	2	3	4

WEEK FROM / TO /	MONDAY	TUESDAY	WEDNESDAY
THIS WEEK'S PRIORITIES	**TASKS**	**TASKS**	**TASKS**
1	1	1	1
2	2	2	2
3	3	3	3
4	4	4	4
5	5	5	5
6	6	6	6
7	7	7	7
8	8	8	8
NEW CONTACTS	5:00	5:00	5:00
	5:30	5:30	5:30
	6:00	6:00	6:00
	6:30	6:30	6:30
	7:00	7:00	7:00
	7:30	7:30	7:30
	8:00	8:00	8:00
	8:30	8:30	8:30
	9:00	9:00	9:00
	9:30	9:30	9:30
	10:00	10:00	10:00
FOLLOW UP	10:30	10:30	10:30
	11:00	11:00	11:00
	11:30	11:30	11:30
	12:00p	12:00p	12:00p
	12:30	12:30	12:30
	1:00	1:00	1:00
	1:30	1:30	1:30
NEWLY ENROLLED	2:00	2:00	2:00
	2:30	2:30	2:30
	3:00	3:00	3:00
	3:30	3:30	3:30
	4:00	4:00	4:00
HELP TO TEAM LEADER	4:30	4:30	4:30
	5:00	5:00	5:00
	5:30	5:30	5:30
	6:00	6:00	6:00
BOOKS	6:30	6:30	6:30
	7:00	7:00	7:00
	7:30	7:30	7:30
SKILLS I'M WORKING ON	8:00	8:00	8:00
	8:30	8:30	8:30
	9:00	9:00	9:00
	9:30	9:30	9:30
TIME FOCUS KEY	10:00	10:00	10:00
1 = Your Perfect Morning Routine	10:30	10:30	10:30

2 = Prospecting	**TIME FOCUS:**	1	2	3	4	5	1	2	3	4	5	1	2	3	4	5
3 = Presenting	✔ when completed:															
4 = Following up																
5 = Getting People Started																

THURSDAY	FRIDAY	SATURDAY	SUNDAY
TASKS	**TASKS**	**TASKS**	**TASKS**
1	1	1	1
2	2	2	2
3	3	3	3
4	4	4	4
5	5	5	5
6	6	6	6
7	7	7	7
8	8	8	8
5:00	5:00	5:00	5:00
5:30	5:30	5:30	5:30
6:00	6:00	6:00	6:00
6:30	6:30	6:30	6:30
7:00	7:00	7:00	7:00
7:30	7:30	7:30	7:30
8:00	8:00	8:00	8:00
8:30	8:30	8:30	8:30
9:00	9:00	9:00	9:00
9:30	9:30	9:30	9:30
10:00	10:00	10:00	10:00
10:30	10:30	10:30	10:30
11:00	11:00	11:00	11:00
11:30	11:30	11:30	11:30
12:00p	12:00p	12:00p	12:00p
12:30	12:30	12:30	12:30
1:00	1:00	1:00	1:00
1:30	1:30	1:30	1:30
2:00	2:00	2:00	2:00
2:30	2:30	2:30	2:30
3:00	3:00	3:00	3:00
3:30	3:30	3:30	3:30
4:00	4:00	4:00	4:00
4:30	4:30	4:30	4:30
5:00	5:00	5:00	5:00
5:30	5:30	5:30	5:30
6:00	6:00	6:00	6:00
6:30	6:30	6:30	6:30
7:00	7:00	7:00	7:00
7:30	7:30	7:30	7:30
8:00	8:00	8:00	8:00
8:30	8:30	8:30	8:30
9:00	9:00	9:00	9:00
9:30	9:30	9:30	9:30
10:00	10:00	10:00	10:00
10:30	10:30	10:30	10:30

0	1	2	3	4	0	1	2	3	4	0	1	2	3	4	0	1	2	3	4

WEEK FROM / TO /	MONDAY	TUESDAY	WEDNESDAY
THIS WEEK'S PRIORITIES	**TASKS**	**TASKS**	**TASKS**
1	1	1	1
2	2	2	2
3	3	3	3
4	4	4	4
5	5	5	5
6	6	6	6
7	7	7	7
8	8	8	8
NEW CONTACTS	5:00	5:00	5:00
	5:30	5:30	5:30
	6:00	6:00	6:00
	6:30	6:30	6:30
	7:00	7:00	7:00
	7:30	7:30	7:30
	8:00	8:00	8:00
	8:30	8:30	8:30
	9:00	9:00	9:00
	9:30	9:30	9:30
	10:00	10:00	10:00
FOLLOW UP	10:30	10:30	10:30
	11:00	11:00	11:00
	11:30	11:30	11:30
	12:00p	12:00p	12:00p
	12:30	12:30	12:30
	1:00	1:00	1:00
	1:30	1:30	1:30
NEWLY ENROLLED	2:00	2:00	2:00
	2:30	2:30	2:30
	3:00	3:00	3:00
	3:30	3:30	3:30
	4:00	4:00	4:00
HELP TO TEAM LEADER	4:30	4:30	4:30
	5:00	5:00	5:00
	5:30	5:30	5:30
	6:00	6:00	6:00
BOOKS	6:30	6:30	6:30
	7:00	7:00	7:00
	7:30	7:30	7:30
SKILLS I'M WORKING ON	8:00	8:00	8:00
	8:30	8:30	8:30
	9:00	9:00	9:00
	9:30	9:30	9:30
TIME FOCUS KEY	10:00	10:00	10:00
1 = Your Perfect Morning Routing	10:30	10:30	10:30

2 = Prospecting	**TIME FOCUS:**	1	2	3	4	5	1	2	3	4	5	1	2	3	4	5
3 = Presenting	✔ when completed:															
4 = Following up																
5 = Getting People Started																

THURSDAY	FRIDAY	SATURDAY	SUNDAY
TASKS	TASKS	TASKS	TASKS
1	1	1	1
2	2	2	2
3	3	3	3
4	4	4	4
5	5	5	5
6	6	6	6
7	7	7	7
8	8	8	8
5:00	5:00	5:00	5:00
5:30	5:30	5:30	5:30
6:00	6:00	6:00	6:00
6:30	6:30	6:30	6:30
7:00	7:00	7:00	7:00
7:30	7:30	7:30	7:30
8:00	8:00	8:00	8:00
8:30	8:30	8:30	8:30
9:00	9:00	9:00	9:00
9:30	9:30	9:30	9:30
10:00	10:00	10:00	10:00
10:30	10:30	10:30	10:30
11:00	11:00	11:00	11:00
11:30	11:30	11:30	11:30
12:00p	12:00p	12:00p	12:00p
12:30	12:30	12:30	12:30
1:00	1:00	1:00	1:00
1:30	1:30	1:30	1:30
2:00	2:00	2:00	2:00
2:30	2:30	2:30	2:30
3:00	3:00	3:00	3:00
3:30	3:30	3:30	3:30
4:00	4:00	4:00	4:00
4:30	4:30	4:30	4:30
5:00	5:00	5:00	5:00
5:30	5:30	5:30	5:30
6:00	6:00	6:00	6:00
6:30	6:30	6:30	6:30
7:00	7:00	7:00	7:00
7:30	7:30	7:30	7:30
8:00	8:00	8:00	8:00
8:30	8:30	8:30	8:30
9:00	9:00	9:00	9:00
9:30	9:30	9:30	9:30
10:00	10:00	10:00	10:00
10:30	10:30	10:30	10:30

0	1	2	3	4	0	1	2	3	4	0	1	2	3	4	0	1	2	3	4

WEEK FROM / TO /	MONDAY	TUESDAY	WEDNESDAY
THIS WEEK'S PRIORITIES	TASKS	TASKS	TASKS
1	1	1	1
2	2	2	2
3	3	3	3
4	4	4	4
5	5	5	5
6	6	6	6
7	7	7	7
8	8	8	8
NEW CONTACTS	5:00	5:00	5:00
	5:30	5:30	5:30
	6:00	6:00	6:00
	6:30	6:30	6:30
	7:00	7:00	7:00
	7:30	7:30	7:30
	8:00	8:00	8:00
	8:30	8:30	8:30
	9:00	9:00	9:00
	9:30	9:30	9:30
	10:00	10:00	10:00
FOLLOW UP	10:30	10:30	10:30
	11:00	11:00	11:00
	11:30	11:30	11:30
	12:00p	12:00p	12:00p
	12:30	12:30	12:30
	1:00	1:00	1:00
	1:30	1:30	1:30
NEWLY ENROLLED	2:00	2:00	2:00
	2:30	2:30	2:30
	3:00	3:00	3:00
	3:30	3:30	3:30
	4:00	4:00	4:00
HELP TO TEAM LEADER	4:30	4:30	4:30
	5:00	5:00	5:00
	5:30	5:30	5:30
	6:00	6:00	6:00
BOOKS	6:30	6:30	6:30
	7:00	7:00	7:00
	7:30	7:30	7:30
SKILLS I'M WORKING ON	8:00	8:00	8:00
	8:30	8:30	8:30
	9:00	9:00	9:00
	9:30	9:30	9:30
TIME FOCUS KEY	10:00	10:00	10:00
1 = Your Perfect Morning Routing	10:30	10:30	10:30

TIME FOCUS KEY	TIME FOCUS:	1	2	3	4	5	1	2	3	4	5	1	2	3	4	5
1 = Your Perfect Morning Routing																
2 = Prospecting																
3 = Presenting	✔ when completed:															
4 = Following up																
5 = Getting People Started																

THURSDAY	FRIDAY	SATURDAY	SUNDAY
TASKS	TASKS	TASKS	TASKS
1	1	1	1
2	2	2	2
3	3	3	3
4	4	4	4
5	5	5	5
6	6	6	6
7	7	7	7
8	8	8	8
5:00	5:00	5:00	5:00
5:30	5:30	5:30	5:30
6:00	6:00	6:00	6:00
6:30	6:30	6:30	6:30
7:00	7:00	7:00	7:00
7:30	7:30	7:30	7:30
8:00	8:00	8:00	8:00
8:30	8:30	8:30	8:30
9:00	9:00	9:00	9:00
9:30	9:30	9:30	9:30
10:00	10:00	10:00	10:00
10:30	10:30	10:30	10:30
11:00	11:00	11:00	11:00
11:30	11:30	11:30	11:30
12:00p	12:00p	12:00p	12:00p
12:30	12:30	12:30	12:30
1:00	1:00	1:00	1:00
1:30	1:30	1:30	1:30
2:00	2:00	2:00	2:00
2:30	2:30	2:30	2:30
3:00	3:00	3:00	3:00
3:30	3:30	3:30	3:30
4:00	4:00	4:00	4:00
4:30	4:30	4:30	4:30
5:00	5:00	5:00	5:00
5:30	5:30	5:30	5:30
6:00	6:00	6:00	6:00
6:30	6:30	6:30	6:30
7:00	7:00	7:00	7:00
7:30	7:30	7:30	7:30
8:00	8:00	8:00	8:00
8:30	8:30	8:30	8:30
9:00	9:00	9:00	9:00
9:30	9:30	9:30	9:30
10:00	10:00	10:00	10:00
10:30	10:30	10:30	10:30

0	1	2	3	4	0	1	2	3	4	0	1	2	3	4	0	1	2	3	4

WEEK FROM / TO /	MONDAY	TUESDAY	WEDNESDAY
THIS WEEK'S PRIORITIES	**TASKS**	**TASKS**	**TASKS**
1	1	1	1
2	2	2	2
3	3	3	3
4	4	4	4
5	5	5	5
6	6	6	6
7	7	7	7
8	8	8	8
NEW CONTACTS	5:00	5:00	5:00
	5:30	5:30	5:30
	6:00	6:00	6:00
	6:30	6:30	6:30
	7:00	7:00	7:00
	7:30	7:30	7:30
	8:00	8:00	8:00
	8:30	8:30	8:30
	9:00	9:00	9:00
	9:30	9:30	9:30
	10:00	10:00	10:00
FOLLOW UP	10:30	10:30	10:30
	11:00	11:00	11:00
	11:30	11:30	11:30
	12:00p	12:00p	12:00p
	12:30	12:30	12:30
	1:00	1:00	1:00
	1:30	1:30	1:30
NEWLY ENROLLED	2:00	2:00	2:00
	2:30	2:30	2:30
	3:00	3:00	3:00
	3:30	3:30	3:30
	4:00	4:00	4:00
HELP TO TEAM LEADER	4:30	4:30	4:30
	5:00	5:00	5:00
	5:30	5:30	5:30
	6:00	6:00	6:00
BOOKS	6:30	6:30	6:30
	7:00	7:00	7:00
	7:30	7:30	7:30
SKILLS I'M WORKING ON	8:00	8:00	8:00
	8:30	8:30	8:30
	9:00	9:00	9:00
	9:30	9:30	9:30
TIME FOCUS KEY	10:00	10:00	10:00
1 = Your Perfect Morning Routing	10:30	10:30	10:30

TIME FOCUS KEY	**TIME FOCUS:**	1	2	3	4	5	1	2	3	4	5	1	2	3	4	5
2 = Prospecting																
3 = Presenting	✔ when completed:															
4 = Following up																
5 = Getting People Started																

THURSDAY		FRIDAY		SATURDAY		SUNDAY	
TASKS		TASKS		TASKS		TASKS	
1		1		1		1	
2		2		2		2	
3		3		3		3	
4		4		4		4	
5		5		5		5	
6		6		6		6	
7		7		7		7	
8		8		8		8	
5:00		5:00		5:00		5:00	
5:30		5:30		5:30		5:30	
6:00		6:00		6:00		6:00	
6:30		6:30		6:30		6:30	
7:00		7:00		7:00		7:00	
7:30		7:30		7:30		7:30	
8:00		8:00		8:00		8:00	
8:30		8:30		8:30		8:30	
9:00		9:00		9:00		9:00	
9:30		9:30		9:30		9:30	
10:00		10:00		10:00		10:00	
10:30		10:30		10:30		10:30	
11:00		11:00		11:00		11:00	
11:30		11:30		11:30		11:30	
12:00p		12:00p		12:00p		12:00p	
12:30		12:30		12:30		12:30	
1:00		1:00		1:00		1:00	
1:30		1:30		1:30		1:30	
2:00		2:00		2:00		2:00	
2:30		2:30		2:30		2:30	
3:00		3:00		3:00		3:00	
3:30		3:30		3:30		3:30	
4:00		4:00		4:00		4:00	
4:30		4:30		4:30		4:30	
5:00		5:00		5:00		5:00	
5:30		5:30		5:30		5:30	
6:00		6:00		6:00		6:00	
6:30		6:30		6:30		6:30	
7:00		7:00		7:00		7:00	
7:30		7:30		7:30		7:30	
8:00		8:00		8:00		8:00	
8:30		8:30		8:30		8:30	
9:00		9:00		9:00		9:00	
9:30		9:30		9:30		9:30	
10:00		10:00		10:00		10:00	
10:30		10:30		10:30		10:30	

0	1	2	3	4	0	1	2	3	4	0	1	2	3	4	0	1	2	3	4

WEEK FROM	/ TO /	MONDAY		TUESDAY		WEDNESDAY	
THIS WEEK'S PRIORITIES		TASKS		TASKS		TASKS	

THIS WEEK'S PRIORITIES	MONDAY TASKS	TUESDAY TASKS	WEDNESDAY TASKS
1	1	1	1
2	2	2	2
3	3	3	3
4	4	4	4
5	5	5	5
6	6	6	6
7	7	7	7
8	8	8	8

	MONDAY	TUESDAY	WEDNESDAY
NEW CONTACTS	5:00	5:00	5:00
	5:30	5:30	5:30
	6:00	6:00	6:00
	6:30	6:30	6:30
	7:00	7:00	7:00
	7:30	7:30	7:30
	8:00	8:00	8:00
	8:30	8:30	8:30
	9:00	9:00	9:00
	9:30	9:30	9:30
	10:00	10:00	10:00
FOLLOW UP	10:30	10:30	10:30
	11:00	11:00	11:00
	11:30	11:30	11:30
	12:00p	12:00p	12:00p
	12:30	12:30	12:30
	1:00	1:00	1:00
	1:30	1:30	1:30
NEWLY ENROLLED	2:00	2:00	2:00
	2:30	2:30	2:30
	3:00	3:00	3:00
	3:30	3:30	3:30
	4:00	4:00	4:00
HELP TO TEAM LEADER	4:30	4:30	4:30
	5:00	5:00	5:00
	5:30	5:30	5:30
	6:00	6:00	6:00
BOOKS	6:30	6:30	6:30
	7:00	7:00	7:00
	7:30	7:30	7:30
SKILLS I'M WORKING ON	8:00	8:00	8:00
	8:30	8:30	8:30
	9:00	9:00	9:00
	9:30	9:30	9:30
	10:00	10:00	10:00
	10:30	10:30	10:30

TIME FOCUS KEY
1 = Your Perfect Morning Routine
2 = Prospecting
3 = Presenting
4 = Following up
5 = Getting People Started

TIME FOCUS:	1	2	3	4	5	1	2	3	4	5	1	2	3	4	5
✔ when completed:															

THURSDAY	FRIDAY	SATURDAY	SUNDAY
TASKS	TASKS	TASKS	TASKS
1	1	1	1
2	2	2	2
3	3	3	3
4	4	4	4
5	5	5	5
6	6	6	6
7	7	7	7
8	8	8	8
5:00	5:00	5:00	5:00
5:30	5:30	5:30	5:30
6:00	6:00	6:00	6:00
6:30	6:30	6:30	6:30
7:00	7:00	7:00	7:00
7:30	7:30	7:30	7:30
8:00	8:00	8:00	8:00
8:30	8:30	8:30	8:30
9:00	9:00	9:00	9:00
9:30	9:30	9:30	9:30
10:00	10:00	10:00	10:00
10:30	10:30	10:30	10:30
11:00	11:00	11:00	11:00
11:30	11:30	11:30	11:30
12:00p	12:00p	12:00p	12:00p
12:30	12:30	12:30	12:30
1:00	1:00	1:00	1:00
1:30	1:30	1:30	1:30
2:00	2:00	2:00	2:00
2:30	2:30	2:30	2:30
3:00	3:00	3:00	3:00
3:30	3:30	3:30	3:30
4:00	4:00	4:00	4:00
4:30	4:30	4:30	4:30
5:00	5:00	5:00	5:00
5:30	5:30	5:30	5:30
6:00	6:00	6:00	6:00
6:30	6:30	6:30	6:30
7:00	7:00	7:00	7:00
7:30	7:30	7:30	7:30
8:00	8:00	8:00	8:00
8:30	8:30	8:30	8:30
9:00	9:00	9:00	9:00
9:30	9:30	9:30	9:30
10:00	10:00	10:00	10:00
10:30	10:30	10:30	10:30

0	1	2	3	4	0	1	2	3	4	0	1	2	3	4	0	1	2	3	4

WEEK FROM	/ TO /	MONDAY	TUESDAY	WEDNESDAY
THIS WEEK'S PRIORITIES		**TASKS**	**TASKS**	**TASKS**

THIS WEEK'S PRIORITIES	MONDAY TASKS	TUESDAY TASKS	WEDNESDAY TASKS
1	1	1	1
2	2	2	2
3	3	3	3
4	4	4	4
5	5	5	5
6	6	6	6
7	7	7	7
8	8	8	8

NEW CONTACTS			
	5:00	5:00	5:00
	5:30	5:30	5:30
	6:00	6:00	6:00
	6:30	6:30	6:30
	7:00	7:00	7:00
	7:30	7:30	7:30
	8:00	8:00	8:00
	8:30	8:30	8:30
	9:00	9:00	9:00
	9:30	9:30	9:30
	10:00	10:00	10:00
FOLLOW UP	10:30	10:30	10:30
	11:00	11:00	11:00
	11:30	11:30	11:30
	12:00p	12:00p	12:00p
	12:30	12:30	12:30
	1:00	1:00	1:00
	1:30	1:30	1:30
NEWLY ENROLLED	2:00	2:00	2:00
	2:30	2:30	2:30
	3:00	3:00	3:00
	3:30	3:30	3:30
	4:00	4:00	4:00
HELP TO TEAM LEADER	4:30	4:30	4:30
	5:00	5:00	5:00
	5:30	5:30	5:30
	6:00	6:00	6:00
BOOKS	6:30	6:30	6:30
	7:00	7:00	7:00
	7:30	7:30	7:30
SKILLS I'M WORKING ON	8:00	8:00	8:00
	8:30	8:30	8:30
	9:00	9:00	9:00
	9:30	9:30	9:30
TIME FOCUS KEY	10:00	10:00	10:00
1 = Your Perfect Morning Routine	10:30	10:30	10:30

TIME FOCUS KEY	TIME FOCUS:	1	2	3	4	5	1	2	3	4	5	1	2	3	4	5
1 = Your Perfect Morning Routine																
2 = Prospecting	✔ when completed:															
3 = Presenting																
4 = Following up																
5 = Getting People Started																

THURSDAY		FRIDAY		SATURDAY		SUNDAY	
TASKS		**TASKS**		**TASKS**		**TASKS**	
1		1		1		1	
2		2		2		2	
3		3		3		3	
4		4		4		4	
5		5		5		5	
6		6		6		6	
7		7		7		7	
8		8		8		8	
5:00		5:00		5:00		5:00	
5:30		5:30		5:30		5:30	
6:00		6:00		6:00		6:00	
6:30		6:30		6:30		6:30	
7:00		7:00		7:00		7:00	
7:30		7:30		7:30		7:30	
8:00		8:00		8:00		8:00	
8:30		8:30		8:30		8:30	
9:00		9:00		9:00		9:00	
9:30		9:30		9:30		9:30	
10:00		10:00		10:00		10:00	
10:30		10:30		10:30		10:30	
11:00		11:00		11:00		11:00	
11:30		11:30		11:30		11:30	
12:00p		12:00p		12:00p		12:00p	
12:30		12:30		12:30		12:30	
1:00		1:00		1:00		1:00	
1:30		1:30		1:30		1:30	
2:00		2:00		2:00		2:00	
2:30		2:30		2:30		2:30	
3:00		3:00		3:00		3:00	
3:30		3:30		3:30		3:30	
4:00		4:00		4:00		4:00	
4:30		4:30		4:30		4:30	
5:00		5:00		5:00		5:00	
5:30		5:30		5:30		5:30	
6:00		6:00		6:00		6:00	
6:30		6:30		6:30		6:30	
7:00		7:00		7:00		7:00	
7:30		7:30		7:30		7:30	
8:00		8:00		8:00		8:00	
8:30		8:30		8:30		8:30	
9:00		9:00		9:00		9:00	
9:30		9:30		9:30		9:30	
10:00		10:00		10:00		10:00	
10:30		10:30		10:30		10:30	

0	1	2	3	4	0	1	2	3	4	0	1	2	3	4	0	1	2	3	4

Master List

Name	Phone	Email	Followup Date	Source	Rating	State

Master List

Name	Phone	Email	Followup Date	Source	Rating	State

MASTER LIST

Master List

MASTER LIST

Name	Phone	Email	Followup Date	Source	Rating	State

Master List

Name	Phone	Email	Followup Date	Source	Rating	State

Master List

Name	Phone	Email	Followup Date	Source	Rating	State

Master List

Name	Phone	Email	Followup Date	Source	Rating	State

Master List

Name	Phone	Email	Followup Date	Source	Rating	State

Master List

Name	Phone	Email	Followup Date	Source	Rating	State

Drip List

Name	Phone	Email	Followup Date	Source	Rating	State

DRIP LIST

Drip List

Name	Phone	Email	Followup Date	Source	Rating	State

Drip List

Name	Phone	Email	Followup Date	Source	Rating	State

Drip List

Name	Phone	Email	Followup Date	Source	Rating	State

Active List

Name	Phone	Email	Followup Date	Source	Rating	State

Active List

Name	Phone	Email	Followup Date	Source	Rating	State

Active List

Name	Phone	Email	Followup Date	Source	Rating	State

Active List

Name	Phone	Email	Followup Date	Source	Rating	State

Active List

Name	Phone	Email	Followup Date	Source	Rating	State

Active List

Name	Phone	Email	Followup Date	Source	Rating	State

CONGRATS

my perfect year. done. ✓

www.ingramcontent.com/pod-product-compliance
Lightning Source LLC
Chambersburg PA
CBHW061617210326
41520CB00041B/7482